JN413124

2026

이것만은 알고가자

어휘/생활영어/문법
7문제 35점을 지키기 위한 막판 스퍼트!

Preview

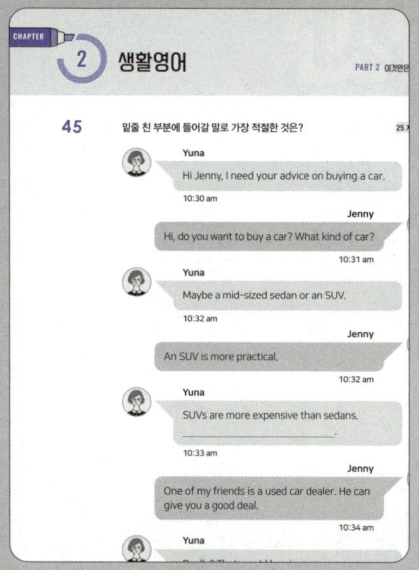

Contents

신경향 시험에 맞게 완전 개정

2025년 국가직·지방직 영어 시험에 큰 변화가 있었습니다. 어휘는 빈칸 유형이 강화되었고, 밑줄 동의어 문제는 비중이 줄었습니다. 생활영어는 지엽적인 표현 암기보다는 직무와 관련된 대화의 문맥 파악이 중요합니다. 문법은 문장형과 영작형에서 단락형과 빈칸형으로 바뀌었습니다. <2026 이것만은 알고 가자>는 이러한 변화에 발맞추었습니다. 쓸데없는 단어와 숙어, 표현은 과감히 삭제하고 신경향에 맞게 새로운 단어와 숙어, 생활영어 표현, 문법 포인트를 담아냈습니다.

세 파트로 나눠진 파이널 핵심 요약집

어휘, 생활영어, 문법, 3개 파트의 문제는 총 7문항입니다. <이것만은 알고 가자>는 7문제 35점을 위한 교재입니다. 지난 7개년 국가직·지방직 기출 문제의 경향성과 새로 탈바꿈한 인사혁신처 1·2차 예시 문제 및 2025 국가직·지방직 문제의 출제자 의도를 철저하게 분석하여 심우철 선생님과 심슨영어연구소가 심혈을 기울여 핵심 개념을 뽑아냈습니다. 수험생 여러분이 불안해 하지 않도록 각 파트별 전체 내용을 아우르는 최중요 개념을 실어 두었으니 꼭 시험 직전까지 반복 학습해 주세요.

어휘/생활영어/문법 7문제 35점을
지키기 위한 막판 스퍼트!

어휘/생활영어/문법
파이널 핵심요약집

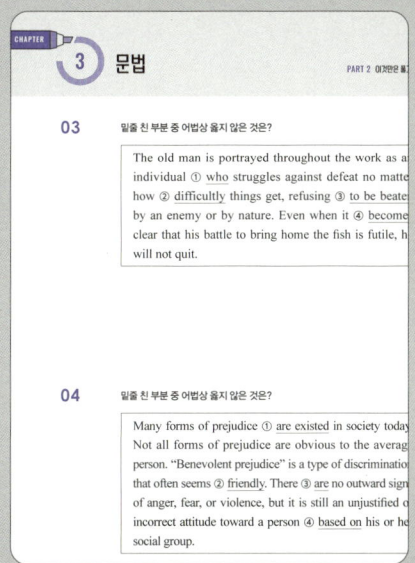

엄선된 핵심 기출과
연구소 제작 예상 문제

기출 문제를 어디까지 실어야 하는지에 대한 많은 고민을 하였습니다. 과거의 기출은 최근 시험의 트렌드에서 많이 벗어나 있기 때문에 정말 풀어봐야 하는 문제만 수록하였으며, 경향에 맞지 않는 문제는 변형을 하였습니다. 변형을 해도 요즘 트렌드와 맞지 않다고 판단된다면 과감하게 버렸으며 신경향 시험의 유형과 의도에 맞게 심슨영어연구소에서 자체적으로 문제를 제작하였습니다. 저희 연구소에서 엄선한 어휘 100문제, 생활영어 60문제, 문법 40문제의 틀 안에서 시험은 출제될 것이라 자신합니다.

지엽적인 동의어·숙어
및 문법 포인트 최소화

평소 2~3천여 개의 단어를 회독하는 수험생이 파이널 시즌으로 가면서 핵심 단어만 빠르게 점검하고 싶은 니즈가 크다는 것을 잘 압니다. 따라서 200개의 단어 표제어를 잡고 관련 동의어는 출제가 유력한 것이 아니라면 굳이 교재에 싣지 않았으며, 새로운 시험에 철저히 대비하고자 하는 학생들을 위해 신경향 독해에 자주 등장하는 어휘 70개만을 엄선하였습니다. 숙어도 예전처럼 지엽적인 숙어는 나오지 않으므로 독해에 필요한 최중요 숙어만 100개 실었으며, 문법은 3시간 정도면 전 범위를 충분히 다 볼 수 있는 수준으로 핵심 포인트들만 실었습니다.

이것만은 알고가자

어휘/생활영어/문법 7문제 35점을
지키기 위한 막판 스퍼트!

어휘/생활영어/문법
파이널 핵심요약집

Contents

PART 01

이것만은 정리하자

이것만은 알고가자

어휘/생활영어/문법
7문제 35점을 지키기 위한
막판 스퍼트!

심슨은 반드시
성적을 올려줍니다!

1 어휘

1. 신경향 출제 예상 어휘 200

※ 표제어와 볼드는 출제 유력, 검정색은 기본, 회색은 심화 어휘입니다.

001 **alleviate** 완화시키다, 진정시키다
　■ ease, **relieve**, **appease**, **soothe**, mitigate, pacify

002 **undermine** 약화시키다, 손상시키다
　■ weaken, **impair**, **dilute**(희석시키다)

003 **fragile** (취)약한, 부서지기 쉬운
　■ weak, **vulnerable**, **susceptible**, **delicate**(섬세한, 까다로운)

004 **defect** 결점, 결함, 약점
　■ fault, flaw, disadvantage, **deficiency**, **drawback**

005 **reinforce** 강화시키다
　■ **strengthen**, **fortify**, **intensify**, consolidate

006 **potent** 강한, 강력한, 효능 있는
　■ strong, powerful, forceful, **mighty**

007 **durable** 튼튼한, 내구성 있는
　■ firm, solid, hardy, **sturdy**

008 **aggravate** 악화시키다
　■ worsen, **deteriorate**(악화되다)

009　**devastate** 파괴하다, 부수다
　　collapse, destroy, **demolish**

010　**calamity** 재난, 재해, 재앙
　　disaster, **devastation**, **catastrophe**

011　**threaten** 위협하다, 협박하다
　　frighten, intimidate

012　**endanger** 위험에 빠뜨리다, 위태롭게 하다　**imperil**

013　**cruel** 잔인한, 잔혹한　**brutal**

014　**fatal** ① 치명적인　**deadly**　② 운명의

015　**resist** 반대하다, 저항하다
　　oppose, disobey, **defy**(무시하다), **rebel**

016　**violate** 위반하다, 침해하다
　　offend, breach, infringe

017　**irritate** 짜증나게 하다, 화나게 하다, 괴롭히다
　　bother, **annoy**, **afflict**, **offend**, **enrage**, **distress**

018　**offensive** ① 불쾌한　unpleasant
　　　　　② 공격적인　**aggressive**

019　**contaminate** 오염시키다　pollute

020 **contagious** 전염성의, 전염되는 ▪ **infectious**

021 **despise** 경멸하다, 혐오하다
▪ hate, dislike, **abhor**, **detest**

022 **condemn** 비판하다, 비난하다
▪ blame, criticize, **scold**, **denounce**, **reprove**, **call down**

023 **disregard** 무시하다, 묵살하다
▪ ignore, neglect, **look down on**

024 **distort** 비틀다, 왜곡하다 ▪ twist

025 **ridicule** 비웃다, 조롱하다 ▪ **mock**

026 **evade** 피하다, 회피하다
▪ **avert**, **elude**, **shun**

027 **compliant** 따르는, 유순한, 순종적인
▪ **tame**(길든), **obedient**, **submissive**

028 **liberate** 풀어주다, 해방시키다
▪ release, **set free**

029 **conceal** 숨기다 ▪ hide, cover

030 **confidential** 기밀의, 비밀의 ▤ secret, hidden

031 **deceive** 속이다
     ▤ cheat, fool, trick, **manipulate**(조종하다, 조작하다), **counterfeit**(위조하다)

032 **imitate** 모방하다, 흉내 내다
     ▤ copy, mimic, **plagiarize**(표절하다)

033 **duplicate** 복사하다, 복제하다 ▤ copy, **reproduce**

034 **discern** 구별하다, 식별하다
     ▤ distinguish, **discriminate**

035 **stress** 강조하다 ▤ emphasize

036 **reveal** 드러내다, 밝히다
     ▤ expose, **disclose**, **unveil**

037 **unearth** 발굴하다, 발견하다 ▤ **excavate**, exhume

038 **genuine**
     ① 진짜의, 진품의 ▤ real, actual, factual, **authentic**
     ② 진실한, 성실한 ▤ **sincere**

039 **innocent**
     ① 무죄인, 결백한
     ② 순진한, 천진난만한 ▤ **naive**, **ingenuous**

040 **candid** 솔직한 ▤ **frank**, straightforward

041 stubborn 고집 센, 완고한
■ insistent, persistent, obstinate

042 rigid
① 엄격한, 융통성 없는 **■** strict, severe, **stern**
② (사물이) 단단한, 뻣뻣한

043 generous 관대한, 너그러운 **■ tolerant**

044 adaptable 융통성 있는, 적응할 수 있는
■ flexible, **elastic, resilient**(회복력 있는)

045 reluctant 꺼리는, 망설이는 **■ hesitant**

046 obscure
① 불명확한, 모호한
   ■ unclear, vague, **ambiguous**, equivocal
② 잘 알려지지 않은, 무명의

047 precise 정확한, 정밀한 **■** exact, **accurate**

048 apparent
① 명백한, 분명한
   ■ clear, plain, **obvious, evident, explicit, distinct, definite,**
   tangible(유형의, 만질 수 있는)
② 외견상의, 겉보기로의

049   **superficial** 표면상의, 피상적인 **🔲 shallow**

050   **transparent** 투명한, 비치는 **🔲** clear, **lucid**(명쾌한)

051   **noticeable** 눈에 띄는, 뚜렷한, 현저한
       🔲 striking, **outstanding**, **notable**, **remarkable**, **distinguished**,
       conspicuous, **prominent**

052   **enormous** 거대한, 엄청난
       🔲 huge, vast, **massive**, **immense**, **tremendous**, **magnificent**(장엄한)

053   **utter** 완전한, 전적인
       🔲 total, complete, **absolute**, **sheer**(순전한)

054   **crucial** 중요한, 중대한, 결정적인
       🔲 important, **significant**, **decisive**, **critical**, **foremost**(선두의, 가장 중요한),
       pivotal(중심되는, 극히 중요한)

055   **considerable** 상당한 **🔲 substantial**

056   **mandatory** 의무적인, 강제적인, 명령의
       🔲 obligatory, **compulsory**, **imperative**

057   **fundamental** 근본적인, 기본적인, 필수적인
       🔲 basic, vital, necessary, essential, **elementary**, **underlying**

058   **trivial** 사소한, 하찮은
       🔲 minor, **negligible**, **insignificant**

059 **futile** 헛된, 무익한, 소용없는
▣ ineffective, useless, worthless, **vain**

060 **barren** 불모의, 메마른, 척박한
▣ unproductive, **infertile**

061 **scarce** 부족한, 불충분한, 드문
▣ short, lacking, **deficient**, **inadequate**, **insufficient**, scanty

062 **abundant** 풍부한
▣ enough, **adequate**, **affluent**, **ample**, **plentiful**, **sufficient**, luxuriant

063 **thrive** 번영하다, 번창하다
▣ **prosper**, **flourish**

064 **breakthrough** 돌파구, 획기적 발전

065 **surplus** 과잉의, 여분의, 불필요한
▣ extra, spare, **superfluous**

066 **extravagant** 낭비하는, 사치스러운
▣ wasteful, **luxurious**

067 **abuse** 남용하다, 오용하다 ▣ misuse

068 **thrifty** 검소한, 절약하는
■ **economical**, **frugal**

069 **bankrupt** 파산한, 지급 불능의 ■ broke

070 **govern** 지배하다, 다스리다, 통치하다
■ rule, **reign**, **dominate**

071 **conserve** 보호하다, 보존하다
■ protect, **preserve**

072 **vanish** 사라지다, 없어지다
■ disappear, **perish**, **evaporate**(증발하다)

073 **extinct** 멸종된, 사라진 ■ lost, missing

074 **eliminate** 없애다, 제거하다
■ erase, remove, **eradicate**, **extinguish**, get rid of

075 **abolish** 폐지하다, 철회하다, 무효로 하다
■ **withdraw**, **revoke**, nullify, call off, do away with

076 **abandon** 버리다, 포기하다, 그만두다
■ **desert**, **discard**, **forsake**, renounce, give up

077 **exclude**
① 제외하다, 배제하다 ■ **omit**, leave out
② 막다, 차단하다, 추방하다

078 **dismiss** 해고하다, 해산시키다
▪ fire, **discharge**(내보내다, 방출하다, 석방하다), **lay off**

079 **entail** 수반하다, 필요로 하다
▪ require, demand, **involve**

080 **assemble**
① 모으다, 모이다
　　▪ collect, gather, **flock**, **accumulate**, **aggregate**, **congregate**
② 조립하다

081 **assign** 할당하다, 배정[배분]하다
▪ allot, **allocate**, **distribute**, **dispense**, **hand out**

082 **designate** 지명하다, 임명하다
▪ **appoint**, **nominate**

083 **assume**
① 가정하다, 추정하다
② (떠)맡다, (책임을) 지다 ▪ **undertake**, **take on**
③ (태도를) 취하다, (양상을) 띠다
④ −인 체하다, 가장하다

084 **occupation**
① 직업 ▪ job, **vocation**, **profession**
② 점유, 점령

085 **substitute** 대신하다, 대체하다 ▪ replace

086 **amend** 고치다, 수정하다
fix, repair, improve, revise, **modify**, **renovate**

087 **prolong** 늘이다, 연장하다
increase, lengthen, stretch, extend, expand, elongate

088 **exaggerate** 과장하다 **magnify**, overstate

089 **spacious** 넓은, 널찍한 **capacious**

090 **mount** 오르다, 증가하다 rise, **ascend**

091 **soar** 급등하다, 치솟다 **surge**, skyrocket

092 **surpass** 능가하다, 뛰어넘다 exceed, **excel**, **outdo**, transcend

093 **plunge** ① 뛰어들다
② 떨어지다, 급락하다 **plummet**

094 **diminish** 줄이다, 감소하다
reduce, decrease, decline, lessen, shorten, **shrink**, **dwindle**,
contract, curtail(삭감하다)

095 **gradual** 단계적인, 점진적인 **progressive**

096 **abbreviate** 요약하다, 단축하다
summarize, **condense**, **compress**, abridge

097 **assert** 주장하다, 단언하다
▤ insist, argue, claim, contend, **maintain**, **affirm**, **allege**

098 **debate** 토론, 논쟁
▤ argument, discussion, **dispute**, **controversy**

099 **suspicious** 의심스러운, 수상쩍은 ▤ **doubtful**, dubious

100 **testify** 증명하다, 입증하다
▤ prove, confirm(확인하다), **demonstrate**, **verify**, certify, validate

101 **empower** 권한을 주다 ▤ entitle, **authorize**

102 **proclaim** 선언하다, 선포하다
▤ announce, **declare**, **profess**

103 **evaluate** 평가하다, 감정하다
▤ **assess**, **estimate**(추정하다)

104 **portray** 그리다, 묘사하다
▤ describe, **depict**

105 **foresee** 예상하다, 예견하다
▤ expect, **predict**, **anticipate**, **forecast**, foretell

106 **analogous** 유사한, 비슷한 ▤ similar

107   **equivalent** 동등한, 상응하는
        🔳 equal, **identical**, **comparable**(필적하는)

108   **unanimous** 만장일치의 🔳 united(통합된)
        cf. **anonymous** 익명의

109   **diverse** 다양한, 여러 가지의 🔳 **multiple**, **various**

110   **distinct**
        ① 뚜렷한, 분명한
        ② 별개의, 다른 🔳 different, **separate**, **individual**(개개의), **discrete**

111   **contrast** 대조, 대비, 차이
        🔳 difference, **distinction**

112   **adverse**
        ① 반대의, 역의 🔳 opposite, **contrary**, **reverse**, **converse**
        ② 불리한, 부정적인

113   **consent** 동의하다, 허락[허가]하다
        🔳 agree, permit, admit, **approve**

114   **advocate** 옹호[변호]하다, 지지하다 🔳 support

115   **sustain**
        ① 떠받치다, 지탱하다 🔳 support, **uphold**
        ② 유지하다, 지속하다 🔳 maintain

116   **gratify** 만족시키다 🔳 satisfy

117　**grateful** 고마워하는, 감사하는 ▣ thankful

118　**compliment** 칭찬하다
　　　▣ praise, **commend**, **applaud**

119　**esteem** 존경하다, 존중하다
　　　▣ respect, honor, admire, **adore**, **worship**(숭배하다), **look up to**

120　**vow** 맹세하다, 서약하다
　　　▣ promise(약속하다), **swear**, **pledge**

121　**sacred** 신성한, 성스러운 ▣ holy

122　**stimulate** 자극하다, 촉진시키다, 북돋우다
　　　▣ excite, inspire, encourage, promote, **animate**,
　　　　facilitate(용이하게 하다)

123　**provoke**
　　　① 유발하다, 일으키다
　　　　▣ cause, **arouse**, **prompt**, **bring about**, **give rise to**
　　　② 화나게 하다

124　**fascinate** 매혹시키다, 마음을 사로잡다
　　　▣ attract, **tempt**, **enchant**, **lure**, **allure**

125 **intriguing** 흥미를 자아내는 🔄 interesting

126 **immerse**
① 담그다
② 몰두시키다, 열중하게 하다
🔄 absorb(흡수하다), **engross**, preoccupy

127 **enthusiastic** 열성적인, 열광적인 🔄 eager, **passionate**

128 **eloquent** 웅변의, 말 잘하는 🔄 **fluent**

129 **verbal** 언어의, 구두의 🔄 spoken, oral

130 **renowned** 유명한, 명성 있는
🔄 famous, **celebrated**, **distinguished**, **notable**, **prestigious**,
prominent, eminent

131 **inherent** 타고난, 내재된, 본질적인
🔄 native, natural, **inborn**, **innate**, intrinsic

132 **proficient** 능숙한, 숙달된
🔄 skillful, **experienced**, **adept**, **competent**(유능한),
versatile(다재다능한), **extraordinary**(뛰어난), **exceptional**(아주 뛰어난)

133 **clumsy** 서투른, 어설픈 🔄 awkward

134 **aboriginal** 토착의, 원주민의 🔄 native, **indigenous**

135 original

① 원래의, 원본의

② 창의적인, 독창적인

▪ creative, inventive, imaginative, **ingenious**

136 alert ① 경계하는, 조심성 있는

② 기민한, 민첩한 ▪ quick, speedy, **agile**

137 prudent 신중한, 사려 깊은, 조심성 있는

▪ careful, cautious, **considerate**, **thoughtful**, **attentive**(주의 깊은)

138 cordial 진심의, 다정한

▪ friendly, **affectionate**, **amiable**(붙임성 있는, 상냥한)

139 compassion 연민, 동정 ▪ pity, **sympathy**

140 intimate 친밀한, 친한 ▪ close, familiar

141 temperate ① 절제된, 차분한 ▪ calm

② (기후가) 온화한 ▪ mild

142 indifferent 무관심한, 냉담한

▪ uninterested, **apathetic**

143 courageous 용감한, 대담한 ▪ brave, **bold**, **fearless**

144 **courtesy** 예의, 공손함 ▤ politeness

145 **modest** ① 겸손한 ▤ **humble**
② 보통의, 적당한 ▤ **moderate**

146 **arrogant** 거만한, 오만한, 허세 부리는
▤ **pretentious**, **supercilious**, **haughty**

147 **absurd** 어리석은, 터무니없는
▤ silly, foolish, stupid, **ridiculous**, **ludicrous**

148 **abnormal** 비정상적인, 이상한
▤ odd, strange, weird, **peculiar**, **eccentric**

149 **suitable** 적합한, 적절한
▤ proper, **appropriate**, **eligible**(적격의, 적임의)

150 **confine** 제한하다, 한정하다
▤ limit, **restrict**, **curb**, **constrain**

151 **suppress** 억압하다, 억누르다, 진압하다
▤ **oppress**, **put down**

152 **dense** 빽빽한, 밀집한
▤ packed, compact, **cramped**, **congested**

153 **disturb** 방해하다, 어지럽히다
▤ interrupt, **disrupt**, **obstruct**, **hinder**, **hold back**, **set back**

154   **forbid** 금지하다
    ▣ ban, **prohibit**, **inhibit**, outlaw

155   **corrupt** 부패한, 타락한, 사악한
    ▣ dishonest, **immoral**, **wicked**, **vicious**, malevolent

156   **impartial** 공평한, 편견 없는
    ▣ fair, objective(객관적인), **unbiased**, **unprejudiced**

157   **legitimate** 합법적인, 정당한, 타당한
    ▣ valid, **legal**(법률상의), **justifiable**

158   **rational** 합리적인, 이성적인
    ▣ reasonable, **sensible**(분별 있는, 현명한)

159   **reliable** 믿을 수 있는, 의지할 수 있는
    ▣ dependent, **reliant**, **credible**, trustworthy

160   **liable**
    ① 책임이 있는 ▣ responsible
    ② ~하기 쉬운, ~하는 경향이 있는 ▣ likely, **prone**, **inclined**

161   **temporary** 일시적인, 잠깐의, 임시의
    ▣ **momentary**, **tentative**, **transient**, provisional

162 **cease** 그만두다, 멈추다
　⊟ end, quit, finish, **expire**(만료되다), **terminate**

163 **defer**
　① 미루다, 연기하다
　　⊟ delay, postpone, **suspend**(일시 중지하다), **put off**
　② 경의를 표하다

164 **constant** 불변의, 끊임없는
　⊟ lasting, endless, **eternal**, **incessant**, **permanent**, perpetual

165 **monotonous** 단조로운, 지루한 ⊟ boring, dull(무딘)

166 **widespread** 널리 퍼진, 만연한
　⊟ universal(전 세계적인), **extensive**(광범위한), **prevalent**, **pervasive**,
　　ubiquitous

167 **chronic** 만성적인, 장기간 지속되는 ⊟ long-term

168 **typical** 대표적인, 전형적인 ⊟ **representative**

169 **independent** 독립적인, 독자적인 ⊟ **autonomous**(자치의)

170 **solitary** ① 혼자의, 혼자 하는
　　　　　② 고독한, 외로운 ⊟ lonely

171 **trait** 특성, 특징 ▣ **characteristic**, **feature**, **attribute**

172 **perspective** 관점, 시각 ▣ **viewpoint**, **standpoint**

173 **circumstance** 상황, 환경
▣ situation, environment, condition

174 **initial** 처음의, 최초의
▣ first, beginning, **primary**

175 **priority** 우선 사항, 우선(권)

176 **subsequent** 그 다음의, 차후의
▣ following, ensuing

177 **consecutive** 연속적인, 계속되는
▣ continuous, **successive**

178 **variable** 변하기 쉬운, 변덕스러운
▣ changeable, **fluctuating**(변동하는)

179 **punctual** 시간을 엄수하는, 기한을 잘 지키는 ▣ on time

180 **simultaneous** 동시의, 동시에 일어나는 ▣ **coincident**

181   **abrupt** 갑작스러운, 돌연한 ▤ sudden, unexpected

182   **astonish** 깜짝 놀라게 하다
▤ surprise, amaze, **astound**, **startle**

183   **perplex** 당황시키다, 난처하게 하다
▤ confuse, embarrass, bewilder

184   **frustrate** 낙담[좌절]시키다, 실망시키다
▤ **depress**, **disappoint**, **discourage**, **dismay**, deject

185   **grieve** 슬퍼하다, 애도하다
▤ sorrow, **mourn**, **deplore**, lament

186   **profound** 깊은, 심오한 ▤ **abstract**(추상적인)

187   **demanding**
① 요구가 많은
② 힘든, 버거운 ▤ hard, tough, difficult, laborious

188   **weary**
① 지친, 피로한 ▤ tired, **exhausted**, worn out
② 싫증 난

189   **deplete** 고갈시키다, 대폭 감소시키다 ▤ **exhaust**, use up

190 undergo
① 겪다, 경험하다 ▣ experience, **go through**
② 참다, 견디다 ▣ bear, stand, **endure, tolerate, persevere,**
put up with

191 struggle 애쓰다, 분투하다 ▣ **strive**

192 resolve
① 해결하다 ▣ solve, settle, **unravel**
② 결심하다 ▣ decide, determine

193 fulfill
① 수행하다, 이행하다 ▣ perform, conduct, **implement, carry out**
② 성취하다, 이루다 ▣ achieve, accomplish, **attain**

194 grasp
① 붙잡다, 움켜쥐다 ▣ hold, grip, grab, seize
② 이해하다, 파악하다
▣ understand, **comprehend, apprehend, seize,** figure out

195 perceive 인식하다, 인지하다 ▣ **be aware of, be conscious of**

196 examine 조사하다, 검토하다, 살펴보다
▣ explore, **inspect, investigate, probe**(규명하다), **scrutinize,**
overhaul, look into, go over, go through

197   **oversee** 감독하다 ▤ **supervise**

198   **thorough** 철저한, 빈틈없는, 완벽한 ▤ complete

199   **deliberate**
① 숙고하다 ▤ consider, **ponder**, **contemplate**, **meditate**, reflect on
② 의도적인, 계획적인
③ 신중한, 심사숙고한

200   **retrieve**
① 되찾다, 회복하다 ▤ recover, **restore**, regain
② 검색하다

2. 신경향 독해 최빈출 어휘 70

001

accommodation

① 숙박 (시설) ② 수용

This hotel offers affordable **accommodation**.
이 호텔은 저렴한 숙박을 제공한다.

002

address

통 ① (문제 등을) 다루다, 해결하다 ② 연설하다
명 ① 주소 ② 연설

통 ① handle, manage, deal with

The news report **addressed** the ongoing political crisis.
그 뉴스 보도는 계속 진행 중인 정치적 위기를 다뤘다.

003

admission

① 입장 ② 입장료

The museum offers free **admission** on the first Friday of every month.
박물관은 매월 첫째 주 금요일에 무료 입장을 제공한다.

004

advance

통 전진하다, 발전하다   명 진전, 발전

cf. in advance (미리, 사전에)

Recent **advances** in medicine have saved many lives.
최근 의학의 발전은 많은 생명을 구했다.

005

agency

① (정부) 기관, −국[청/부] ② 대리점

① office, department, division, bureau, ministry

Several government **agencies** are cooperating on this project.
여러 정부 기관이 이 프로젝트에 협력하고 있다.

006

agenda

의제, 안건

Please review the **agenda** for tomorrow's meeting beforehand.
내일 회의 안건을 미리 검토해 주세요.

007

annual

매년의, 연간의

We look forward to the **annual** festival in our town.
우리는 우리 마을의 연간 축제를 기대한다.

008

appreciate

① 감사하다 ② 인정하다 ③ 이해하다

I really **appreciate** your kindness.
당신의 친절에 정말 감사합니다.

009

attach

붙이다, 첨부하다

He **attached** a photo to his application.
그는 지원서에 사진을 첨부했다.

010

authorities

(정부) 당국

cf. authorized (공인된)

Authorities have closed the road due to flooding.
당국은 홍수 때문에 도로를 폐쇄했다.

011

available

이용할 수 있는, 구할 수 있는

➡ usable, accessible, on hand

There aren't enough resources **available**.
이용할 수 있는 자원이 충분하지 않다.

012

benefit

명 ① 이익, 혜택 ② 수당, 보조금   동 -에 득이 되다

➡ 명 ① gain, profit, advantage

The new software offers many **benefits** to users.
새로운 소프트웨어는 사용자에게 많은 혜택을 제공한다.

013

certificate

① 증명서 ② 수료증, 자격증

She showed her marriage **certificate** at the office.
그녀는 사무실에서 혼인 증명서를 제시했다.

014

charge

동 ① 청구[부과]하다 ② 기소[비난]하다 ③ 책임지게 하다 ④ 충전하다
명 ① 요금, 비용 ② 기소, 비난 ③ 책임

동 ② accuse, prosecute
명 ① fee, cost, price, rate

They **charged** me an extra fee for late delivery.
그들은 내게 늦은 배송에 대한 추가 요금을 청구했다.

015

collaborate

협력하다

cooperate, partner

One needs to **collaborate** with peers to reach better outcomes.
더 나은 결과에 도달하려면 동료들과 협력해야 한다.

016

commission

① 위원회 ② 수수료

① committee, board

The UN formed a **commission** on human rights to promote equality.
UN은 평등을 증진하기 위해 인권 위원회를 구성했다.

017

complimentary

무료의

free, free of charge, at no cost

We offer a **complimentary** consultation.
저희는 무료 상담을 제공합니다.

018

concern

몡 ① 걱정, 우려 ② 관심   통 −에 관련되다

The rising crime rate is a major **concern** for residents.
높아지는 범죄율은 주민들에게 큰 우려 사항이다.

019

contact

몡 연락, 접촉, 관계   통 연락하다

▤ 통 reach (out to), get in touch (with)

You can **contact** customer service by phone or email.
전화나 이메일로 고객 서비스에 연락할 수 있다.

020

contribution

① 기여, 공헌 ② 기부(금)

We need everyone's **contribution** to make this event successful.
이 행사를 성공시키기 위해서는 모두의 기여가 필요하다.

021

council

의회

The city **council** advises the mayor on matters of policy.
시의회는 시장에게 정책 문제에 대해 조언한다.

022

dedicated

① 전념[헌신]하는 ② 전용의

▤ ① committed

It is a **dedicated** environmental protection organization.
그곳은 환경 보호에 전념하는 단체이다.

023

depart

떠나다, 출발하다

Flights for Paris **depart** from Terminal 3.
파리행 항공편은 3번 터미널에서 출발한다.

024

district

지역, 지구, 구역

The city is divided into three **districts** for administrative purposes.
그 도시는 행정 목적으로 세 지구로 나뉘어 있다.

025

domestic

① 국내의 ② 가정의

cf. foreign (해외의), international (국제의)

We support **domestic** businesses to stimulate the local economy.
저희는 지역 경제 활성화를 위해 국내 기업을 지원합니다.

026

embassy

대사관

cf. consulate (영사관)

The U.S. **embassy** in Seoul provides visa services.
서울에 있는 미국 대사관은 비자 서비스를 제공한다.

027

enforce

① 집행[시행]하다 ② 강요하다

The police **enforce** traffic laws strictly.
경찰은 교통 법규를 엄격히 집행한다.

028

ensure

보장하다, 확실하게 하다

≣ assure, secure, guarantee, make sure

Proofread your work to **ensure** there are no mistakes.
실수가 없다는 것을 확실히 하기 위해 작업물을 교정봐라.

029

exclusively

① 오로지 (–뿐) ② 배타[독점]적으로

≣ ① only, solely

This area is reserved **exclusively** for members.
이 구역은 오로지 회원들을 위해 예약되어 있다.

030

expertise

전문 지식[기술]

We are looking for someone with **expertise** in international law.
우리는 국제법 전문 지식을 가진 사람을 찾고 있다.

031

facility

시설

The college has good **facilities** for learning.
그 대학은 학습을 위한 좋은 시설들을 갖추고 있다.

032

file

통 (서류·신청·소송 등을) 제기[제출]하다   명 서류, 파일

등 통 submit, hand in, turn in

Please **file** your application by the deadline to participate in the program.
프로그램에 참여하려면 마감일까지 신청서를 제출하세요.

033

fine

명 벌금   통 벌금을 부과하다   형 ① 좋은 ② 미세한

The judge issued a **fine** of $100 for littering in the park.
판사는 공원에서 쓰레기를 버린 것에 100달러의 벌금을 내렸다.

034

firsthand

직접

등 directly, in person

You need to pick up the documents **firsthand** at the office.
서류는 사무실에서 직접 수령해야 합니다.

035

grant

통 ① 주다, 수여하다 ② 승인하다   명 보조금

The university **granted** her a scholarship.
대학은 그녀에게 장학금을 수여했다.

036

host

동 (행사 등을) 주최[개최]하다   명 주인, 주최자

= 동 hold, organize

The city will **host** the international conference next year.
그 시는 내년에 국제회의를 개최할 것이다.

037

identification

① 신분증 ② 식별

Travelers must carry **identification** at all times.
여행객들은 항상 신분증을 소지해야 한다.

038

implement

동 시행하다   명 도구, 기구

= 동 perform, fulfill, execute, carry out

The company **implemented** a new safety policy.
그 회사는 새로운 안전 정책을 시행했다.

039

impose

① 부과하다 ② 강요하다

The government **imposed** a new tax on luxury goods.
정부는 사치품에 새로운 세금을 부과했다.

040

initiative

① 계획, 프로젝트 ② 주도(권)

Several community **initiatives** focus on reducing waste.
여러 지역 사회 계획이 폐기물 감소에 초점을 둔다.

041

inquire

① 묻다, 문의하다 ② 조사하다

He **inquired** about train schedules for Liverpool.
그는 리버풀행 열차 시간표에 대해 문의했다.

042

institution

① 기관, 단체 ② 제도

≡ ① institute, organization

Online learning is changing how **institutions** educate.
온라인 학습은 기관들이 교육하는 방식을 바꾸고 있다.

043

insurance

보험

The **insurance** policy covers all baggage.
그 보험 약관은 모든 수하물을 보장한다.

044

issue

명 ① 문제, 사안 ② (정기 간행물의) 호
동 ① 발표하다 ② 발행[발급]하다

We need to address the climate **issue**.
우리는 기후 문제를 해결해야 한다.

045

launch

동 ① 시작[착수]하다 ② 출시하다 ③ 발사하다   명 개시, 출시

The government **launched** a campaign to reduce air pollution.
정부는 대기 오염을 줄이기 위한 캠페인을 시작했다.

046

maintenance

유지, 보수

Proper **maintenance** extends appliance lifespan.
적절한 유지 보수는 기기 수명을 연장한다.

047

material

명 ① 재료 ② 자료   형 물질적인

cf. handout (인쇄물)

The company sent promotional **materials** to its clients.
회사는 고객들에게 홍보 자료를 보냈다.

048

measure

명 ① 조치 ② 기준, 척도 동 재다, 측정하다

目 명 ① step, action

The school adopted safety **measures** after the accident.

학교는 사고 이후 안전 조치를 채택했다.

049

ministry

(정부) 부, 부서

目 office, department, division, agency, bureau

She works for the **Ministry** of Education.

그녀는 교육부에서 근무한다.

050

notice

명 ① 주의, 주목 ② 통지, 통보 ③ 안내문
동 ① 알아차리다 ② 주목하다 ③ 통지하다

cf. notify (알리다, 통지하다)

Employees must give two weeks' **notice** before resigning.

직원은 사직하기 2주 전 통지를 해야 한다.

051

on-site

형 현장의 부 현장에서

Visitors can buy products **on-site** without pre-ordering.

방문객들은 사전 주문 없이 현장에서 제품을 구매할 수 있다.

052

personnel

① 인력, 직원들 ② 인사과

目 ① staff, employees, workforce
② human resources, HR department

Please contact **personnel** for questions about your benefits.

복리 후생 관련 질문은 인사과에 연락하세요.

053

practice

圀 ① 관행 ② 연습 ③ 실행   圀 연습[훈련]하다

Keeping detailed records is a common **practice** in laboratories.
세부 기록을 남기는 것은 실험실에서 일반적인 관행이다.

054

proceed

나아가다, 계속하다, 진행되다

⊟ continue, advance, progress, carry on

cf. proceeds (수익금)

After the break, the meeting **proceeded** as planned.
휴식 후 회의는 계획대로 진행되었다.

055

promote

① 촉진[장려]하다 ② 승진시키다 ③ 홍보하다

⊟ ① encourage, foster, stimulate

The program aims to **promote** healthy eating habits.
그 프로그램은 건강한 식습관을 장려하는 것을 목표로 한다.

056

recruit

圀 모집하다, 채용하다   圀 신입 (사원)

His task is to **recruit** new members for the club.
그의 임무는 클럽의 신입 회원을 모집하는 일이다.

057

regulation

① 규정 ② 규제, 통제

The airline follows international **regulations** for flight safety.
그 항공사는 항공 안전에 관한 국제 규정을 준수한다.

058

resident

거주자, 주민

Local **residents** expressed concerns about the new construction project.
지역 주민들은 새 건설 프로젝트에 대해 우려를 표했다.

1 어휘

059

response

① 대답, 응답 ② 대응, 대처

Emergency services had a quick **response** to the accident.
응급 서비스는 사고에 빠른 대응을 했다.

060

resume

명 이력서   동 다시 시작하다, 재개하다

She attached her **resume** to the application email.
그녀는 지원 이메일에 이력서를 첨부했다.

061

session

① 시간, 기간 ② 회의, 회기 ③ 학기, 수업 (시간)

The therapy **session** lasted for an hour.
치료 시간은 한 시간 동안 지속되었다.

062

shipment

수송(물), 배송(물)

The **shipment** of goods will arrive tomorrow.
상품 배송은 내일 도착할 것이다.

063

subscribe

① 구독하다, 가입하다 ② 기부하다

cf. subscription (구독, 가입), subscriber (구독자, 가입자)

Which journals do you **subscribe** to?
당신은 어떤 저널을 구독하나요?

064

subsidy

보조금, 장려금

= grant

The government provides **subsidies** to small farmers.
정부는 소규모 농민들에게 보조금을 지급한다.

065

term

① 용어 ② 기간 ③ 학기

cf. terms (조건)

The article is full of technical **terms**.

그 기사는 전문 용어들로 가득 차 있다.

066

transfer

동 ① 옮기다 ② 전학[전근]시키다　명 ① 이동 ② 이체 ③ 환승

Please **transfer** the files to the new folder.

파일을 새 폴더로 옮겨 주세요.

067

upcoming

다가오는, 곧 있을

Tickets for the **upcoming** concert are selling fast.

다가오는 콘서트의 티켓이 빠르게 팔리고 있다.

068

utility

① (전기·수도·가스 등의) 공익사업 ② 유용, 효용

Many households receive subsidies for **utility** bills.

많은 가정이 공과금 보조금을 받는다.

069

venue

(행사의) 장소

The **venue** can accommodate over 10,000 attendees.

그 장소는 10,000명 이상의 참석자를 수용할 수 있다.

070

well-being

행복, 복지, 안녕

Policies should prioritize the **well-being** of citizens.

정책은 시민들의 복지를 우선시해야 한다.

2 생활영어

1. 생영 최빈출 표현 70

001 **How are you (getting along)?** 잘 지냈어요? / 어떻게 지내요?
　▣ **How is it going?**
　▣ **How have you been?**

002 **Can you do me a favor?** 제 부탁 하나만 들어줄래요?

003 **Can you give me a hand with it?** 이것 좀 도와줄 수 있나요?

004 **It's my pleasure.** 저야말로 도움이 되어 기쁩니다.

005 **What do you say?** 당신 생각은 어때요?
　▣ **What do you think?**

006 **Let me sleep on that.** 생각 좀 해볼게요.
　▣ **Let me think it over.**

007 **Not that I know of.** 제가 알기로는 그렇지 않아요.

008 **It's on the tip of my tongue.** 그것이 기억날 듯 말 듯 해요.

009 **I couldn't agree with you more.** 전적으로 동의해요.

010 **It's no big deal.** 별일 아니에요.

011 **Don't mention it.** 별말씀을. / 천만에요.
　　　■ **No problem.**

012 **Never mind.** 신경 쓰지 마세요. / 괜찮습니다.

013 **I bet you can make it.** 당신은 할 수 있을 거예요.

014 **Give it your best shot.** 최선을 다해 봐요.

015 **I can't thank you enough.** 뭐라고 감사의 말을 전해야 할지 모르겠네요.

016 **Thank you for having me.** 초대해 주셔서 감사합니다.

017 **What brings you here?** 여긴 무슨 일로 오셨어요?

018 **I'm in trouble.** 문제가 생겼어요. / 곤란한 상황이에요.

019 **I want to file a complaint.** 항의를 하고 싶어요.

020 **It was a slip of the tongue.** 말실수였어요. / 말이 잘못 나왔어요.

021 **Don't get me wrong.** 제 말 오해하지 마세요.

022 **Take it easy.** 진정해요.

023 **It's a shame!** 그거 참 안됐군요. / 안타깝네요.
　　　cf. **Shame on you!** 부끄러운 줄 아세요!

024 **I'm sorry to hear that.** 정말 유감입니다. / 그 말을 들으니 안타깝네요.

025 **I can't stand it anymore.** 더 이상 참을 수가 없어요.

026 **I'm fed up with him.** 그 사람이라면 진절머리 나요.

027 **I'm wiped out.** 나 완전 지쳤어요.
■ **I'm worn out.**
■ **I'm exhausted.**

028 **Are you kidding me?** 농담이죠?
■ **You are joking!**

029 **No way!** 말도 안 돼요!

030 **You can't be serious.** 설마 진심은 아니죠? / 농담이죠?

031 **Mind your own business.** 그쪽 일이나 신경 쓰세요.
/ 당신이 관여할 바가 아니에요.
■ **This is none of your business.**

032 **Let's get down to business.** 본론으로 들어갑시다.
■ **Let's get to the point.**

033 **You should make it on time.** 제시간에 도착해야 해요.
cf. **make it** ① 도착하다 ② 해내다, 성공하다

034 **What took you so long?** 왜 이렇게 오래 걸렸나요?

035 **Take your time.** 천천히 하세요.

036 **There's no need to rush.** 서두를 필요 없어요.

037 **Hang on a second.** 잠깐만 기다려 주세요.

038 **Her line is engaged.** 그녀는 통화 중입니다.
- **Her line is busy now.**
- **She's on the other line.**
- **She's on the phone.**

039 **I need to hang up right now.** 지금 전화를 끊어야 해요.

040 **Stay on the line.** 전화 끊지 말고 기다려주세요.

041 **I'll give you a ring later.** 나중에 전화할게요.
- **I'll ring you later.**

042 **Keep me informed.** 소식[진행 상황]을 계속 알려주세요.
- **Keep me posted.**

043 **He called in sick.** 그는 전화로 병가를 알렸어요.

044 **She's out of town.** 그녀는 출장 중이에요. / 그녀는 부재중입니다.

045 **She's on leave.** 그녀는 휴가 중입니다.

046 **It's my day off today.** 오늘 저 휴무예요.
- **I'm off today.**

047 **The deadline is around the corner.** 마감일이 임박해 있어요.
cf. **The shop is around the corner.** 그 가게는 코너 돌아서 있어요.

048   **Let's call it a day.** 오늘은 여기까지 합시다.
⊟ **Let's wrap it up.**

049   **They got fired.** 그들은 해고당했어요.
⊟ **They got laid off.**
⊟ **They have been let go.**

050   **Where are you headed?** 어디 가는 길이에요?

051   **Let's go to the Lost and Found.** 분실물 센터에 가봅시다.

052   **I'd like to book a table.** 자리 하나를 예약하고 싶은데요.

053   **I want to cancel my reservation.** 예약을 취소하고 싶습니다.

054   **First come, first served.** 선착순이에요.

055   **Is that for here or to go?** 여기에서 드실 건가요, 가져가실 건가요?

056   **This is free of charge.** 무료입니다.

057   **I'll pick up the tab[bill].** 제가 계산할게요. / 제가 쏠게요.
⊟ **I'll treat you.**
⊟ **It's on me.**

058   **What a steal!** 아주 저렴했어요. / 정말 좋은 거래였어요.
⊟ **It was a bargain.**
⊟ **It was a great deal.**

059 I'm on a tight budget. 저는 예산이 빠듯해요.

060 Is it a one-way or a round trip? 편도입니까 왕복입니까?

061 Would you like a window or an aisle seat? 창가 자리를 원하십니까,
복도 자리를 원하십니까?

062 When is the boarding time? 탑승 시간은 언제입니까?

063 I missed my connecting flight. 연결 항공편을 놓쳤어요.

064 I don't have anything to declare. 세관에 신고할 것은 없어요.

065 This is the baggage claim area. 이곳은 수화물을 찾는 곳입니다.

066 Can you give me a lift[ride]? 차 좀 태워 줄래요?

067 Can you pick me up? 저를 데리러 올 수 있나요?

068 Can you drop me off there? 저기서 내려줄 수 있나요?

069 Let's pull over there. 저기서 차를 세웁시다.

070 Can I try it on? 그거 한 번 입어 봐도 될까요?

2. 생영&독해 최빈출 숙어 100

001

abide by

−을 따르다, 지키다, 준수하다

≡ observe, follow, comply with

Players must **abide by** the game rules.
선수들은 경기 규칙을 준수해야 한다.

002

account for

① −을 설명하다 ② −을 차지하다

≡ ① explain

Can you **account for** the missing keys?
잃어버린 열쇠를 설명할 수 있나요?

003

along with

① −와 더불어, −에 덧붙여 ② −와 마찬가지로

I learned to develop interpersonal skills **along with** other skills.
나는 다른 기술들과 더불어 대인 관계 기술을 기르는 법을 배웠다.

004

apart from

−을 제외하고, −이외에

≡ besides

Apart from their house in London, they also have a villa in Spain.
런던에 있는 집 이외에 그들은 스페인에 빌라 한 채 또한 소유하고 있다.

무엇으로부터(from) 떨어진(apart) 거니까 → −을 제외하고

005

apply for

−에 지원하다

cf. apply to (−에 적용된다),
  register, enroll, sign up for (등록하다, 신청하다)

The leaflet explains how to **apply for** a job.
그 책자는 일자리에 지원하는 방법을 설명한다.

006

as a result of

−의 결과로

■ in the wake of

Some important facts emerged **as a result of** the investigation.

그 조사의 결과로 몇몇 중요한 사실이 드러났다.

007

as to

−에 관해서(는)

■ as for

He was uncertain **as to** whether he should accept the job offer.

그는 그 일자리 제안을 받아들여야 할지 말지에 관해서 확신이 없었다.

008

at the cost[expense] of

−을 희생하여, 대가로

Her fame was bought **at the cost of** her marriage.

그녀의 명성은 결혼 생활을 희생하여 얻은 것이었다.

009

be apt to RV

−하기 쉽다, −하는 경향이 있다

Babies **are apt to** put objects into their mouths.

아기들은 입에 물건들을 집어넣는 경향이 있다.

010

be based on

−에 기초하다, 근거하다

The decision **was based on** emotion rather than rational thought.

그 결정은 이성적인 생각보다는 감정에 근거한 것이었다.

011

be engaged in

−에 종사하다, 참여하다

He **is engaged in** foreign trade.

그는 해외 무역에 종사하고 있다.

2 생활영어

012

be faced with

−에 직면하다

≡ be confronted with

What challenges **are** you **faced with** in your daily life?
일상생활에서 어떤 어려움을 겪고 있나요?

013

be inclined to RV

① −하고 싶어 하다 ② −하는 경향이 있다

≡ ② be apt to RV, be prone to RV, tend to RV

Unfortunately, most people in Korea **are inclined to** take these offenses lightly.
불행히도, 대부분의 한국 사람들은 이러한 범죄들을 가볍게 여기는 경향이 있다.

014

be likely to RV

−하기 쉽다, −할 것 같다

Train fares **are likely to** remain unchanged.
기차 요금은 변하지 않은 채 유지될 것 같다.

015

be subject to

① −의 대상이다 ② −의 영향을 받기 쉽다

The benefit **is subject to** change at any time.
그 혜택은 언제든지 변경되기 쉽다.

016

be supposed to RV

① −하기로 되어 있다, −할 예정이다 ② −할 의무가 있다

He **was supposed to** arrive at the meeting an hour ago.
그는 한 시간 전에 회의에 도착하기로 되어 있었다.

017

be willing to RV

기꺼이 −하다

Inventors have to **be willing to** learn from failures.
발명가들은 실패로부터 기꺼이 배우려고 해야 한다.

018

break down

① 고장 나다 ② −을 부수다, 분해하다

≡ ① go wrong, be out of order

This computer may **break down** because it is old.
이 컴퓨터는 오래돼서 고장 날지도 모른다.

019

bring about

−을 야기하다, 초래하다

≡ cause, lead to, end in, result in, give rise to

Will this new technology **bring about** job losses?
이 새로운 기술이 일자리 감소를 초래할까요?

020

bring out

① −을 출시하다, 발매하다 ② −을 끌어내다[발휘되게 하다]

≡ ① release, publish

The teacher's encouragement helped **bring out** the best in her shy students.
선생님의 격려가 수줍은 학생들의 최고 기량을 끌어내는 데 도움이 되었다.

021

bring up

① −을 기르다, 양육하다 ② (화제를) 꺼내다, 제기하다

≡ ① raise, rear ② mention, raise

It is not easy to **bring up** children.
아이를 키우는 일은 쉽지 않다.

022

by means of

−에 의하여, −을 통해, −의 도움으로

Knowledge can be acquired **by means of** various methods, such as reading and experience.
지식은 독서와 경험과 같은 다양한 방법을 통해 습득될 수 있다.

023

call for

−을 요구하다, 필요로 하다

≡ require, need

Our goal is to **call for** citizens' participation in the election.
우리의 목표는 선거에서 시민들의 참여를 촉구하는 것이다.

CHAPTER

2 생활영어

PART 1 이것만은 정리하자

024

call off

−을 취소[철회]하다

■ cancel, withdraw

The organizers had to **call off** the event due to bad weather.
주최 측은 악천후 때문에 행사를 취소해야 했다.

025

carry on

계속하다, 이어가다

■ continue, keep (on), go on

Despite the setback, they were determined to **carry on** with their mission.
좌절에도 불구하고 그들은 그들의 임무를 이어가기로 결심했다.

026

carry out

−을 수행하다, 실행하다

■ perform, implement, fulfill

The doctor found that she was unable to **carry out** her normal work.
의사는 그녀가 정상적인 일을 수행할 수 없다고 판단했다.

027

come across

① −을 우연히 마주치다 ② 이해[전달]되다

■ ① encounter, run across

cf. get across (to) ((-에게) 이해시키다)

I **came across** a strange man while going home.
집에 가는 동안 나는 이상한 남자를 우연히 마주쳤다.

028

come in handy

유용해지다, 도움이 되다

The information **came in** very **handy**.
그 정보는 매우 유용했다.

유용한(handy) 상태로(in) 오는(come) 거니까 → 유용해지다

이만알 | 52

029

come up with

① −을 생각해 내다 ② −을 제시[제안]하다

▤ ① devise, hit upon ② propose

You should **come up with** realistic but creative ideas.
너는 현실적이지만 창의적인 아이디어를 생각해 내야 한다.

030

cope with

−에 대처하다

There are many ways to **cope with** rejection.
거절에 대처하는 많은 방법들이 있다.

031

cut back (on)

−을 줄이다

▤ reduce, lessen, decrease, curtail

The doctor advised him to **cut back on** salt in his diet.
의사는 그에게 식단에서 소금을 줄이라고 조언했다.

032

deal with

−을 다루다, 처리하다

▤ handle, address, manage

We must take positive steps to **deal with** the problem.
우리는 그 문제를 처리하기 위해 긍정적인 조치를 취해야 할 것이다.

033

depend (up)on

−에 의존하다, 달려 있다

▤ rely on, count on, look to, turn to, resort to

Children greatly **depend on** their parents.
아이들은 부모에게 대단히 의존한다.

034

derive from

−에서 유래하다

▤ originate from, stem from

The rumor **derived from** a misunderstanding, not actual facts.
그 소문은 실제 사실이 아닌 오해에서 비롯되었다.

035

do away with ─을 없애다, 폐지하다

≡ abolish

Many countries are **doing away with** capital punishment.
많은 국가에서 사형을 폐지하고 있다.

036

end up 결국 ─하게 되다

I **ended up** doing all the work myself.
나는 결국 그 모든 일을 혼자 하게 되었다.

037

figure out ① ─을 알아내다, 생각해 내다 ② ─을 이해하다 ③ ─을 계산[산출]하다

≡ ② grasp, understand, comprehend

I can't **figure out** how to do this.
나는 이걸 어떻게 하는 건지 이해할 수가 없다.

038

fill out (서류에) 기입하다, 작성하다

≡ fill in, complete

Can you **fill out** this survey for us before you leave?
떠나기 전에 이 설문 조사를 작성해 주시겠습니까?

039

from time to time 때때로, 가끔

The Internet connection **from time to time** becomes unstable.
인터넷 연결이 때때로 불안정해진다.

040

get across ① ─을 이해시키다 ② ─을 건너다

≡ ② cross, go over

He used striking visuals to **get** his point **across**.
그는 자신의 논점을 이해시키기 위해 인상적인 시각 자료들을 사용했다.

041

get along with
-와 사이좋게 지내다

He is friendly and **gets along with** everyone.
그는 친절하며 모든 사람과 잘 지낸다.

042

get out of
-에서 벗어나다, 탈출하다, 피하다

≡ escape, avoid

Try to **get out of** your comfort zone and try new things.
안전지대에서 벗어나 새로운 것을 시도해 봐라.

043

get over
-을 극복하다, 회복하다

≡ overcome, surmount

The best way to **get over** a breakup is to focus on yourself.
이별을 극복하는 가장 좋은 방법은 자신에게 집중하는 것이다.

044

get through
① -을 통과하다, 빠져나가다 ② -을 끝내다 ③ -을 극복하다

≡ ① pass ② finish, complete ③ overcome, surmount, get over

I'm not sure we can **get through** all this work on time, with only four people.
우리 4명만으로는 이 모든 일을 제시간에 끝낼 수 있을지 모르겠다.

045

give up
-을 포기하다, 그만두다

≡ abandon, quit

His wife finally persuaded him to **give up** smoking.
그의 아내는 결국 그가 담배를 끊도록 설득했다.

046

go over
① -을 건너가다 ② -을 조사하다, 검토하다

≡ ① cross, get across ② examine, inspect, look into, go through

Would you like to **go over** the menu before you order?
주문하기 전에 메뉴판을 한번 살펴보시겠어요?

047

go through

① -을 통과하다 ② -을 겪다 ③ -을 살펴보다

📘 ② experience, undergo ③ examine, inspect, look into, go over

I always start the day by **going through** my email.
나는 언제나 이메일을 살펴보는 것으로 나의 하루를 시작한다.

048

have nothing to do with

-와 관계가 없다

cf. have something to do with (-와 관계가 있다)

I **have nothing to do with** the matter.
나는 그 문제와 아무 관계가 없다.

어떤 것과 함께(with) 해야(do) 하는 것이 없으니까(nothing) → -와 관계가 없다

049

have trouble[difficulty] (in) RVing

-하는 데 어려움[곤란]을 겪다

People who drink too much coffee may **have trouble (in) sleeping**.
커피를 너무 많이 마시는 사람은 잠을 자는 데 어려움을 겪을 수 있다.

050

in accordance with

-에 따라

The matter will be dealt with **in accordance with** the law.
그 문제는 법에 따라 처리될 것이다.

어떤 것과(with) 일치한(accordance) 상태에(in) 있으니까 → -에 따라

051

in addition to

-에 더하여, -뿐 아니라

In addition to discounts, they offer a free gift.
할인에 더해, 그들은 사은품을 제공한다.

052

in case S+V

–의 경우에, –의 경우에 대비하여

Take some spare clothes **in case** you get wet.
물에 젖을 경우에 대비해서 여분의 옷을 좀 챙겨 가라.

053

in charge of

–을 담당하는, 책임지는

She is **in charge of** advertising.
그녀는 광고를 담당하고 있다.

무엇의(of) 책임(charge) 안(in)에 있으니까 → –을 담당하는

054

in comparison with[to]

–와 비교해 보면, –에 비해서

In comparison with other countries, the US has a high poverty rate.
다른 나라들에 비해 미국은 빈곤율이 높은 편이다.

055

in effect

① 사실상, 실제로는 ② 유효한, 시행 중인

The two systems are, **in effect**, identical.
사실상, 두 제도는 동일하다.

실제 효과가(effect) 나타나고 있는 상황에(in) 있으니까 → 사실상, 시행 중인

056

in favor of

① –에 찬성하여 ② –에 유리하게, –의 이익이 되도록

I am **in favor of** keeping the online real-name policy.
나는 온라인 실명제 유지에 찬성한다.

어떤 대상에 대한(of) 호의(favor) 속에(in) 있는 거니까 → –에 찬성하여

057

in spite of

–에도 불구하고

They fell in love **in spite of** the language barrier.
그들은 언어 장벽에도 불구하고 사랑에 빠졌다.

058

in terms of

–의 관점에서, –에 관하여

The book is well organized **in terms of** plot.
그 책은 구성의 관점에서 잘 짜여 있다.

059

in the face of

–에 직면해서

Even **in the face of** challenges, she will play her heart out.
역경에도 불구하고[역경에 직면해서도], 그녀는 끝까지 해낼 것이다.

어떤 것을(of) 직면한(face) 상태 속에(in) 있으니까 → -에 직면해서

060

keep in mind

–을 명심하다

I will **keep in mind** what you said.
나는 당신이 한 말을 명심할 것이다.

마음(mind) 안에(in) 무언가를 보관하니까(keep) → -을 명심하다

061

lay off

–을 해고하다

= fire, dismiss, discharge

A sudden slump caused many of the employers to **lay off** their employees.
갑작스러운 불황 때문에 많은 고용주들이 근로자들을 해고했다.

062

lead to

–에 이르다, –을 초래하다

= bring about, end in, result in

Eating too much sugar can **lead to** health problems.
지나친 설탕 섭취는 건강 문제를 초래할 수 있다.

063

leave out

−을 제외하다, 빠뜨리다

▪ omit

Don't **leave out** any important information.
중요한 정보는 하나도 빠뜨리지 마라.

064

let down

−을 실망시키다

▪ disappoint

I promise our new product won't **let** you **down**.
우리의 신제품은 당신을 실망시키지 않을 것이라고 약속한다.

065

look after

−을 돌보다, 보살피다

▪ care for, take care of

It's important to **look after** your mental and physical health.
정신적, 육체적 건강을 돌보는 것이 중요하다.

066

look forward to N [RVing]

−하기를 고대하다

▪ anticipate, long for

I **look forward to** seeing her again.
나는 그녀를 다시 만나기를 고대한다.

067

look into

−을 조사하다, 들여다보다

▪ examine, inspect, investigate, go over

Can you **look into** this issue and see if you can find a solution?
이 문제를 살펴보고 해결책을 찾을 수 있는지 확인해 줄 수 있나요?

068

make sense

타당하다, 이해가 되다

All those reasons **make sense**.
그 모든 이유들은 이해가 된다.

감(sense)이 오도록 만드니까(make) → 이해가 되다

2 생활영어

069

make sure

반드시 –하다, –을 확실히 하다, 확인하다

Make sure the TV is off.

TV가 꺼져 있는지 꼭 확인해라.

070

make up for

–을 보상하다, 만회하다

▪ compensate for

They will **make up for** everything.

그들이 모든 것을 보상할 것이다.

071

on account of

–때문에

▪ due to

He received a speeding ticket **on account of** exceeding the limit.

그는 과속을 했기 때문에 속도위반 딱지를 받았다.

072

on behalf of

–을 대신[대표]하여, –을 위해

I signed the contract **on behalf of** my client.

나는 내 고객을 대신하여 계약서에 서명했다.

누군가의(of) 이익(behalf)에 관한(on) 거니까 → –을 대신[대표]하여

073

on the contrary

그와 반대로

On the contrary, the price of gold has doubled.

그와 반대로, 금값은 두 배로 뛰었다.

074

out of order

① 고장이 난 ② (행동이) 제멋대로인

cf. out of mood (기분이 안 좋은), out of reach (도달할 수 없는),
out of control (통제할 수 없는)

His behavior in the meeting was **out of order**.

그 회의에서 그의 행동은 제멋대로였다.

> 질서로부터(order) 벗어난(out of) 거니까 → **고장이 난, (행동이) 제멋대로인**

075

out of date

구식의

cf. out of job (실직한), out of business (사업이 망한)

That radio looks so **out of date**.

저 라디오는 되게 구식인 것 같다.

> 요즘 시기로부터(date) 벗어난(out of) 거니까 → **구식의**

076

pay attention to

-에 주목하다, 주의를 기울이다

Please **pay attention to** what I am saying.

제 말에 주목해 주십시오.

077

pay off

① -을 다 갚다, 청산하다 ② 성과를 내다, 이익이 되다

≡ ① repay, pay back

Exercising regularly can **pay off** in the long run.

규칙적으로 운동하는 것은 장기적으로 이득이 될 수 있다.

078

put off

-을 미루다, 연기하다

≡ delay, defer, postpone

Never **put off** until tomorrow what you can do today.

오늘 할 수 있는 일을 내일로 미루지 마라.

079

put on

① -을 착용하다 ② -을 공연[상연]하다

cf. take off (-을 벗다)

I need to **put on** my glasses to see the screen clearly.
나는 화면을 뚜렷하게 보기 위하여 안경을 써야 한다.

080

put up with

-을 참다, 견디다

🟦 bear, stand, endure, tolerate

I'm not going to **put up with** your disrespect any longer.
나는 더 이상 당신의 무례함을 참지 않을 것이다.

081

refer to

① -을 언급하다 ② -을 참고하다 ③ -을 가리키다

🟦 ① mention ③ indicate

The article **refers to** the need for climate change action.
그 기사는 기후 변화 행동의 필요성을 언급한다.

082

regardless of

-에 상관없이

Every human being is equal **regardless of** religion, race, or creed.
모든 인간은 종교, 인종, 신념에 상관없이 평등하다.

083

rule out

-을 제외시키다, 배제하다

🟦 exclude

He didn't **rule out** the possibility of traveling to Britain.
그는 영국으로 여행할 가능성을 배제하지 않았다.

084

run out of

-을 다 써 버리다

I **ran out of** time before solving all the questions.
나는 모든 문제를 풀기도 전에 시간을 다 써버렸다.

stand for

① -을 나타내다, 상징하다 ② -을 지지[옹호]하다

目 ① represent, symbolize
② support, back up, stand by, stand up for

The abbreviation CC **stands for** "Carbon Copy."

약어 CC는 "카본 복사본(참조; 업무상의 서신이나 이메일을 참조로 받을 사람 앞에 씀)"을 의미한다.

take advantage of

-을 (기회로) 이용하다

He wanted to **take advantage of** the lower labor costs.

그는 더 낮은 인건비를 기회로 이용하기를 원했다.

> 무언가의(of) 이점(advantage)을 취하는(take) 거니까 → **-을 (기회로) 이용하다**

take after

-을 닮다

目 resemble

Many leaders **take after** historical figures they admire.

많은 지도자들은 자신이 존경하는 역사적 인물을 닮는다.

take care of

① -을 돌보다 ② -을 처리하다

目 ① look after ② handle, deal with

His aunts expected me to **take care of** him.

그의 숙모들은 내가 그를 돌볼 거라고 기대했다.

take for granted

-을 당연시하다

If favors continue, people **take** them **for granted**.

호의가 계속되면 사람들은 그것을 당연하게 여긴다.

> 어떤 것을 주어진(granted) 것으로 취하니까(take) → **-을 당연시하다**

090

take into account [consideration]

−을 고려하다

The company will **take** your personal aptitudes and abilities **into account**.

그 회사는 당신의 개인 적성과 능력을 고려할 것이다.

무언가를 계산(account) 안(into)으로 취하는(take) 거니까 → -을 고려하다

091

take off

① −을 벗다 ② 이륙하다

The rocket **took off** into space successfully.

로켓이 우주로 성공적으로 이륙했다.

092

take on

① −을 떠맡다 ② (특징·모습을) 띠다

▤ ① assume, undertake ② assume

The lawyer **took on** the case pro bono.

그 변호사는 이 사건을 무료로 맡았다.

093

take place

발생하다, 개최되다

The film festival **takes place** in two weeks.

그 영화제는 2주 후에 개최된다.

094

take up

(시간·공간 등을) 차지하다

▤ occupy, account for

The table **takes up** too much room.

그 탁자는 너무 많은 공간을 차지한다.

095

turn down

① −을 거절하다 ② (소리·온도 등을) 낮추다, 줄이다

⊟ ① refuse, reject, decline

She **turned down** the job offer because of the long commute.

그녀는 출퇴근 시간이 길다는 이유로 채용 제안을 거절했다.

096

turn in

−을 제출하다, 반납하다

⊟ submit, hand in, give in

Make sure to **turn in** your pass before leaving the event.

행사장을 떠나기 전에 반드시 출입증을 반납해라.

097

turn out

① (일·결과가) −으로 되다 ② −으로 판명되다

⊟ ② prove

That didn't **turn out** like we intended.

그것은 우리가 의도한 대로 되지 않았다.

098

when it comes to

−에 관한 한, −라면

When it comes to liquor, beer is the best.

술이라면 맥주가 최고다.

099

with regard[respect] to

−에 관해서(는)

⊟ in terms of, in regard to, regarding, concerning, as to, as for

You don't need to worry about it **with regard to** its cost.

그것의 가격에 관해서는 걱정할 필요가 없다.

> 어떤 것에 대해(to) 측면을(respect) 가진(with) 거니까 → −에 관해서(는)

100

work out

① 운동하다 ② (일이) 잘 되어가다 ③ −을 해결하다 ④ −을 알아내다

⊟ ① exercise ③ solve

I **work out** regularly to keep fit.

나는 건강을 유지하기 위해 규칙적으로 운동한다.

1. 문장의 형식

● 문장의 5형식

형식	구조	해석
1형식	S + V	S는 V하다
2형식	S + V + SC	S는 SC(이)다
3형식	S + V + O	S는 O를 V하다
4형식	S + V + IO + DO	S는 IO에게 DO를 V해 주다
5형식	S + V + O + OC	S는 O가 OC하게/하도록/라고 V하다

1 1형식 관련 주요 문제

1 대표 1형식 동사

happen		emerge	출현하다
occur	일어나다, 발생하다	appear	나타나다
take place		exist	존재하다

2 자동사 + 전치사

graduate from	~을 졸업하다	consist of	~로 구성되다
arrive at[in]	~에 도착하다	participate in	~에 참석하다
deal with	~을 다루다, 처리하다	belong to	~에 속하다
object to	~에 반대하다	dispose of	~을 처분하다

2 2형식 관련 주요 문제

상태유지(~이다)	be, remain, stay, keep	+ 형용사
상태변화(~되다)	become, get, grow, run	+ 형용사
오감	look, sound, smell, taste, feel	+ 형용사 / like + 명사(구)(절)
판단·입증	seem, appear, prove, turn out	+ (to be) 형용사 / to RV

3 3형식 관련 주요 문제

● REMALIODA : 자동사 같은 타동사

R	resemble with/like ~와 닮다	reach at ~에 도착하다	
E	enter in/to ~에 들어가다		
M	marry with/to ~와 결혼하다	mention on ~에 대해 언급하다	
A	accompany with ~와 동행하다	affect on ~에 영향을 미치다	approach to/on ~에 다가가다
L	leave from ~을 떠나다		
I	influence on ~에 영향을 미치다		
O	obey to ~에 복종하다	oppose to ~에 반대하다	
D	discuss about ~에 대해 토론하다		
A	answer to ~에 답하다	attend at ~에 참석하다	address to ~에게 연설하다

연습 문제

1. I talked about my plan, but he objected it. O / X

2. The language sounds strangely to me. O / X

3. If you want to reach at the airport on time, you should leave this place now. O / X

1. X, objected → objected to 2. X, strangely → strange 3. X, reach at → reach

4 4형식 관련 주요 문제

1 that절을 직접목적어로 취할 수 있는 4형식 동사

convince, inform, promise, remind, show, tell, teach	+ IO + that절

2 4형식 동사로 착각하기 쉬운 3형식 동사

say, explain, suggest, announce	(to + 사람) + 명사(구)(절)

5 5형식 관련 주요 문제

1 목적격 보어에 형용사가 주로 오는 동사

make, find, keep, think	+ O + 형용사

2 목적격 보어에 명사가 주로 오는 동사

call, name, consider, elect	+ O + 명사

3 지각동사

watch, see, notice, hear, listen to, feel	+ O + RV·RVing(능동) / p.p.(수동)

4 사역동사

make, have	+ O + RV(능동) / p.p.(수동)
let	+ O + RV(능동) / be p.p.(수동)

5 지각동사·사역동사의 수동태

$$S + 지각/사역동사 + O + RV$$
$$\rightarrow O + be\ p.p. + \underline{to\ RV}\ (+ by\ S)$$

6 준사역동사

get	+ O + to RV(능동) / p.p.(수동)
help	+ (O) + (to) RV

7 COREAF/P : 목적격 보어에 to RV를 사용하는 동사

C	cause 야기하다	compel 강요하다	
O	order 명령하다		
R	require 요구하다		
E	enable 가능하게 하다	expect 기대[요구]하다	encourage 격려하다
A	ask 부탁하다	allow 허락하다	advise 충고하다
F/P	force 강요하다	permit 허락하다	persuade 설득하다

연습 문제

1. Opinion polls convinced us that many people opposed the policy. O / X

2. The instructor explained us how to survive a major disaster. O / X

3. We were made study much harder than before. O / X

4. I'll get the rooms cleaned if you make the dinner. O / X

5. The teacher allowed students participate in the activities. O / X

1. O 2. X, us → to us 3. X, study → to study 4. O 5. X, participate → to participate

6 기타 주의해야 할 동사

1 분리·박탈 동사 + A + of + B

rob 강탈하다	deprive 박탈하다	relieve 덜어주다

2 인지 동사 + A + of + B

convince 확신[납득]시키다	inform 알리다	remind 상기시키다
warn 경고하다	assure 확신시키다	notify 통보하다

* of B 대신에 that절 또한 쓸 수 있다.

3 제공 동사 + A + with + B

provide 제공하다	supply 공급하다	present 주다	equip 갖추게 하다

4 금지·억제 동사 + A + from RVing

prevent 막다, 예방하다	prohibit 금지하다	discourage 막다, 단념시키다
stop 막다	keep 막다	hinder 방해하다

5 자동사 vs 타동사

lie – lied – lied	㉶ 거짓말하다
lie – lay – lain	㉶ 눕다; 놓여 있다
lay – laid – laid	㉹ ~을 눕히다; 놓다; 낳다

rise – rose – risen	㉶ 오르다, 뜨다
arise – arose – arisen	㉶ 일어나다, 발생하다
raise – raised – raised	㉹ ~을 들어올리다; 인상하다; 키우다

sit – sat – sat	㉶ 앉다
seat – seated – seated	㉹ ~을 앉히다

wait – waited – waited	㉶ 기다리다
await – awaited – awaited	㉹ ~을 기다리다

연습 문제

1. His wife prevented him to go abroad. O / X
2. This law will deprive us of our most basic rights. O / X
3. She just laid down and went straight to sleep. O / X
4. I was born in New York but was raised in Seoul. O / X
5. It reminds me of the memories of the past 24 years. O / X

1. X, to go → from going 2. O 3. X, laid → lay 4. O 5. O

2. 동사

1 수일치

1 a number of vs the number of

	많은	~의 수[양]
가산명사	a number of + 복수 명사 + 복수 동사	the number of + 복수 명사 + 단수 동사
불가산명사	an amount of + 단수 명사 + 단수 동사	the amount of + 단수 명사 + 단수 동사

2 'one of 명사'의 수일치

one, each, either, neither	+ of + 복수 명사 + 단수 동사

3 '부분명사 of 전체명사'의 수일치

'부분'을 나타내는 부정대명사		all, most, some, any	+ of + 복수 명사 + 복수 동사 / 단수 명사 + 단수 동사
부분명사	일부	half, part, the rest	
	분수	one third, three fourths	
	백분율	30 percent	

* all, half의 경우, 뒤의 of가 생략될 수 있다.

연습 문제

1. Some of the money were used as a bribe for politicians.   O / X

2. A number of students are studying very hard to get a job.   O / X

1. X, were → was 2. O

2 능·수동

1 수동태로 쓸 수 없는 자동사

happen, occur, take place, emerge, (dis)appear, exist

2 '자동사 + 전치사' 타동사구의 수동태

be referred to as B	~라고 불리다	be thought of as B	~라고 생각되다
be laughed at	비웃음을 당하다	be looked at	보이다
be listened to	들리다	be spoken to	말이 건네지다
be agreed on	합의되다	be dealt with	처리되다
be run over	치이다	be disposed of	처분되다

3 분리·박탈 / 인지 / 제공 / 금지·억제 동사의 수동태

	robbed, deprived, relieved	+ of + B
be	convinced, informed, reminded, warned, assured, notified	+ of + B
	provided, supplied, presented, equipped	+ with + B
	prevented, prohibited, discouraged, stopped, kept, hindered	+ from + B

4 감정타동사로 만들어진 분사의 능·수동

현재분사(능동)		과거분사(수동)	
exciting	흥분시키는	excited	흥분한
boring	지루하게 하는	bored	지루한
embarrassing	당황하게 하는	embarrassed	당황한
overwhelming	압도적인	overwhelmed	압도된

3 문법

3 시제

1 특정 시제를 나타내는 표현들

과거	yesterday, 시간 + ago, last + 시점, in + 과거 연도
현재완료	since + 과거 시점, until now, so far, for/over + (the last/past) + 기간
과거완료	시간 표현 + before, by the time + 과거 시점
미래완료	by + 특정 미래 시점(next week/month), by the time + S + V, 횟수(three times, four times)

2 시간·조건의 부사절 : 내용상 미래(완료)시제인 경우에도 현재(완료)시제 사용

시간 접속사	when, while, until, after, before, as soon as, by the time
조건 접속사	if, unless, once, in case, as long as

* when과 if가 명사절로 사용될 경우, 내용상 미래시제는 그대로 미래시제로 사용

3 ~하자마자 ~했다

Hardly/Scarcely	+ had + S + p.p. + **when/before** + S + 과거동사
No sooner	+ had + S + p.p. + **than** + S + 과거동사

1. He escaped from running over by a bus.　　　　　　　　　　　O / X

2. The party will be taken place at Dr. Lee's office.　　　　　　O / X

3. It is a funny, moving, and always excited story.　　　　　　O / X

4. He has been in a critical condition in hospital last night.　　O / X

5. Hardly had he reached the shelter when the storm broke.　　O / X

6. When she will come back, I will leave here.　　　　　　　　O / X

7. Seoul is referred to "the city that never sleeps."　　　　　O / X

8. He's always boring with his current job.　　　　　　　　　O / X

9. For the last 50 years, technological advancements transformed society.　　O / X

10. If it will rain tomorrow, I won't go to school.　　　　　　O / X

1. X, running over → being run over 2. X, be taken place → take place 3. X, excited → exciting 4. X, has been → was 5. O 6. X, will come → comes 7. X, to → to as 8. X, boring → bored 9. X, transformed → have transformed 10. X, will rain → rains

4 가정법

1 가정법의 기본

	종속절	주절
가정법 과거	If + S + 동사의 과거형/were	S + 조동사의 과거형 + RV
가정법 과거완료	If + S + had p.p.	S + 조동사의 과거형 + have p.p.
가정법 미래	If + S + should RV (불확실한 미래)	S + 조동사의 과거형/현재형 + RV
	If + S + were to RV (불가능)	S + 조동사의 과거형 + RV
혼합 가정법	If + S + had p.p.	S + 조동사의 과거형 + RV + (now/today)

* 조동사의 과거형 : would, should, could, might

2 가정법의 도치

가정법 과거	Were + S, S + 조동사의 과거형 + RV
가정법 과거완료	Had + S + p.p., S + 조동사의 과거형 + have p.p.
가정법 미래	Should + S + RV, S + 조동사의 과거형/현재형 + RV Were + S + to RV, S + 조동사의 과거형 + RV
혼합 가정법	Had + S + p.p., S + 조동사의 과거형 + RV + (now/today)

연습 문제 -

1. If I had known about the meeting, I would have gone there too.　　　○ / ✕

2. Had it not rained last night, we could have gone on a picnic today.　　　○ / ✕

1. ○ 2. ✕, could have gone → could go

5 조동사

1 조동사 + have p.p.

must have p.p.	~했음이 틀림없다
should[ought to] have p.p.	~했어야 했는데 [하지 않았다]
may[might] have p.p.	아마 ~했을 것이다
cannot have p.p.	~했을 리가 없다

2 구조동사 + RV

had better RV	RV하는 것이 더 낫다
would rather RV	
would rather A than B (A, B는 RV)	B하는 것보다 A하는 것이 더 낫다

3 used to

used to RV	~하곤 했다
be used to RV	~하는 데 사용되다
be[get] used to RVing	~하는 데 익숙하다[익숙해지다]

4 주·요·명·제·충·결 동사 + that + S + (should) RV

주장·요구·명령·제안·충고·결정 동사가 당위(~해야 한다)의 의미를 지니는 that절을 목적어로 취할 경우, that절 내의 동사는 '(should) + RV'의 형태로 쓴다. 이러한 동사들이 명사화되어 동격의 that절을 취하는 경우에도 마찬가지이다.

주장	insist, urge, argue	요구	ask, demand, require, request
명령	order, command	제안	suggest, propose
충고	advise, recommend	결정	decide

5 이성적 판단의 형용사 + that + S + (should) RV

that절의 내용에 대해 판단하는 형용사가 올 경우, that절의 동사는 '(should) + RV'의 형태를 취한다.

중요한, 필수적인	important, vital, necessary, essential, imperative
당연한, 마땅한	advisable, desirable, natural, right

6 조동사 관용 구문

➡ ~하지 않을 수 없다

cannot but RV	have no choice[alternative] but to RV
cannot help RVing	cannot choose[help] but RV

연습 문제

1. I would rather die standing than to live on my knees.　　　　O / X

2. She insisted that he participates in the meeting.　　　　O / X

3. 그녀는 어젯밤 택시에 지갑을 두고 내렸음이 틀림없다.
　　→ She should have left her wallet in the taxi last night.　　　　O / X

4. 이 기계는 마이크로 칩을 만드는데 사용된다.
　　→ This machine is used to making microchips.　　　　O / X

5. It is important that your child attend school every day.　　　　O / X

5. O
1. X, to live → live 2. X, participates → (should) participate 3. X, should have left → must have left 4. X, making → make

1 준동사의 능·수동

POINT 1 준동사의 의미상의 주어를 먼저 파악한다.
POINT 2 뒤의 명사 유무와 역질문을 통해 능·수동 문제를 푼다.

	능동	수동
to RV	to RV	to be p.p.
동명사	RVing	being p.p.
분사	RVing	p.p.

2 준동사의 시제

준동사의 시제가 본동사의 시제와 같으면 단순시제, 본동사의 시제보다 빠르면 완료시제를 쓴다.
POINT 1 'seem to RV', 'be p.p. to RV' 구조가 나오면 준동사의 시제 check
POINT 2 'in one's youth', 'when young' 등 명백한 과거 시간을 나타내는 부사구가 나오면 시제 check

	단순시제 / 단순수동시제	완료시제 / 완료수동시제
to RV	to RV / to be p.p.	to have p.p. / to have been p.p.
동명사	RVing / being p.p.	having p.p. / having been p.p.
분사	RVing / p.p.	having p.p. / (having been) p.p.

연습 문제

1. I don't like treating like a child.　　　　　　　　　　　　　　　O / X

2. The existing gate is assumed to have been built in 1796.　　　　　O / X

1. X, treating → being treated 2. O

3 어휘로 접근해야 하는 준동사

1 to RV와 동명사 둘 다 목적어로 취하지만 의미가 다른 동사

	to RV(동작이 아직 안 일어남)	RVing(동작이 일어남)
remember	~하기로 한 것을 기억하다	~한 것을 기억하다
forget	~하기로 한 것을 잊다	~한 것을 잊다
stop	~하기 위해 멈추다	~하는 것을 그만두다
regret	~하게 돼서 유감이다	~한 것을 후회하다
try	~하기 위해 노력하다	시험 삼아 ~해보다

2 동명사만 목적어로 취하는 동사 : MEGAPEPF

Mind	꺼리다	Enjoy	즐기다	Give up	포기하다
Avoid	피하다	Postpone	연기하다	Escape	피하다
Practice	연습하다	Finish	끝내다		

3 to RV만 목적어로 취하는 동사 : 소기계약동결

소망·기대	want, hope, desire, expect	계획	plan
약속	promise	동의	agree
결정	choose, decide, refuse	기타	afford, fail

4 전치사 to + 동명사

look forward to	~을 고대하다	be used to be accustomed to	~에 익숙하다
object to be opposed to	~에 반대하다	with a view[an eye] to	~할 목적으로
What do you say to ~?	~하는 건 어때?	when it comes to	~에 관해 말하자면

5 동명사 관용 표현 및 대체 표현

It is no use[good] RVing = It is of no use to RV = There is no use (in) RVing	~해도 소용없다
There is no RVing	~하는 것은 불가능하다
be worth RVing	~할 가치가 있다
be busy (in) RVing	~하느라 바쁘다
have difficulty[trouble, a hard time] (in) RVing	~하는 데 어려움을 겪다
spend + 시간/돈 + (in) RVing	~하는 데 시간/돈을 쓰다
On[Upon] RVing	~하자마자

연습 문제

1. I recommended that he finish to produce his report quickly. O / X

2. I don't expect to be late, but if so, I'll let you know. O / X

3. The movie is worth watched with the actors' performances alone. O / X

4. It is no use trying to excuse yourself. O / X

5. What do you say to go to the movies tonight? O / X

6. 나의 이모는 파티에서 그녀를 만난 것을 기억하지 못했다.
   → My aunt didn't remember to meet her at the party. O / X

1. X, to produce → producing 2. O 3. X, watched → watching 4. O 5. X, go → going 6. X, to meet → meeting

4. 관계사 / 의문사 / 접속사

1 관계대명사

1 불완전한 문장 : 관계대명사 뒤에는 'S/O/C/전치사의 O' 중 없는 것이 있다

2 who/whom/which : 선행사의 종류에 따라 who/which, 격에 따라 who/whom이 온다

3 콤마와 that의 사용 : '전치사 + that', '콤마(,) + that'은 원칙적으로 불가능하다

선행사	주격	목적격	소유격
사람	who	whom	whose
동물·사물	which	which	whose / of which
사람·동물·사물	that	that	-
선행사를 포함	what(~것)	what(~것)	-
해석	그런데 그 명사는	그런데 그 명사를	그런데 그 명사의

● 주의해야 할 관계대명사의 용법

1 전치사 + 관계대명사 : 뒤에 완전한 문장, 알맞은 전치사 사용에 주의

ex This is the new table with which I am satisfied.

이것은 내가 만족한 새 탁자이다.

2 관계사절 내 삽입절 : 반드시 괄호 처리 후 격과 수일치에 주의

ex This is the boy who (I believe) deceived me.

이 사람은 내가 믿기에 나를 속였던 소년이다.

3 부정대명사 + of + 목적격 관계대명사 : whom 또는 which 사용 (them X)

ex I know many foreign students, some of whom can speak English.

나는 많은 외국인 학생들을 알고 있는데, 그들 중 일부는 영어를 할 줄 안다.

➡ **what vs that**

	뒤에 완전한 절	뒤에 불완전한 절
앞에 명사 O	동격의 that	관계대명사 that
앞에 명사 X	접속사 that	선행사를 포함하는 관계대명사 what

2 관계부사

● **완전한 문장** : 관계부사 뒤에는 완전한 문장이 온다

선행사	종류	해석
장소명사(the place)	where	그런데 그 장소에서
시간명사(the time)	when	그런데 그 시간에
이유명사(the reason)	why	그런데 그 이유로
방법명사(the way)	how	그런데 그 방법으로

* the way와 how는 함께 쓸 수 없으며 반드시 둘 중 하나를 생략해야 한다. 'the way that' 또는 'the way in which'의 형태는 가능하다.

연습 문제

1. The sport in that I am most interested is soccer.　　　　　　　　O / X

2. A cafe is a small restaurant which people can get a light meal.　　O / X

3. A tree provides homes for many creatures, all of them also use it for food.　O / X

4. We can all avoid doing things that we think damage the body.　　O / X

5. I know the student with whom I want to discuss the assignment.　O / X

6. That disappointed me was his rude attitude.　　　　　　　　　O / X

1. X, that → which 2. X, which → where 3. X, them → which 4. O 5. O 6. That → What

3 문법

3 의문사

1 완전한 문장 또는 불완전한 문장 : 'what + 불완전한 문장' vs 'how/why + 완전한 문장'
2 간접의문문의 어순 : '의문사 + 주어 + 동사'의 어순에 유의

의문대명사	who(m) 누가(누구를)		which 어느 것이 / 어느 것을		what 무엇이 / 무엇을		+ 불완전한 문장
의문형용사	whose 누구의		which 어떤		what 무슨		+ 명사 + 불완전한 문장
의문부사	when 언제	where 어디	why 왜		how 어떻게 / 얼마나		+ 완전한 문장

4 복합관계사

1 복합관계대명사 + 불완전한 문장

복합관계대명사	명사절	부사절
whoever/whomever/ whosever	~하는 사람이면 누구나 (= anyone who/whom/whose)	~하는 사람이면 누구든지 간에 (= no matter who/whom/whose)
whichever	~하는 것이면 어느 것이든 (제한된 선택) (= anything that)	~하는 것이면 어느 것이든지 간에 (= no matter which)
whatever	~하는 것이면 무엇이든 (막연한 선택) (= anything that)	~하는 것이면 무엇이든지 간에 (= no matter what)

2 복합관계부사 + 완전한 문장

whenever	~할 때면 언제든지(= no matter when)
wherever	~하는 곳이면 어디든(= no matter where)
however	아무리 ~해도(= no matter how)

3 'however + 형/부' vs 'how + 형/부'

however + 형/부 + S + V	아무리 형/부해도 [부사절]
how + 형/부 + S + V	얼마나 형/부한지 [명사절]

● 관계사·의문사·복합관계사 정리

1 해석으로 구분하기

종류	해석			
관계대명사	그런데 그 명사는 / 그런데 그 명사를 / 그런데 그 명사의 / ~것(what)			
관계부사	그런데 그 장소에서 / 그런데 그 시간에 / 그런데 그 이유로 / 그런데 그 방법으로			
의문사	who / whom	누가 / 누구를	whose	누구의
	when	언제	where	어디서
	which	어느 것, 어느·어떤	what	무엇, 무슨·어떤
	why	왜	how	어떻게, 얼마나
복합관계사	whoever	~하는 사람이면 누구든, ~하는 사람이면 누구든지 간에	whichever	~하는 것이면 어느 것이든, ~하는 것이면 어느 것이든 간에
	whatever	~하는 것이면 무엇이든, ~하는 것이면 무엇이든 간에	whenever	~할 때면 언제든지
	wherever	~하는 곳이면 어디든	however	아무리 ~해도

2 완전한 문장 vs 불완전한 문장

관계대명사 / 의문대명사 / 복합관계대명사	+ 불완전한 문장
관계부사 / 의문부사 / 복합관계부사 / 나머지 접속사	+ 완전한 문장
소유격 관계대명사 + 명사 / 의문형용사 + 명사	+ 불완전한 문장

연습 문제

1. One basic question scientists have tried to answer is how do people learn.   ○ ⁝ ✕

2. How hard he tried, he could not control his feelings.   ○ ⁝ ✕

3. A free gift will be given to whomever completes the questionnaire.   ○ ⁝ ✕

1. X, how do people learn → how people learn 2. X, How → However 3. X, whomever → whoever

3 문법

5 등위·상관접속사

1 상관접속사의 종류

① 상관접속사의 짝과 ② 수일치에 유의해야 한다.

not only A but also B	A뿐만 아니라 B도	B as well as A	A뿐만 아니라 B도
either A or B	A 또는 B가	neither A nor B	A도 B도 아닌
both A and B	A와 B 둘 다	not A but B	A가 아니라 B가

2 등위접속사와 상관접속사에서의 병렬 구조

등위접속사 및 상관접속사에 연결되는 대상의 **품사** 및 **준동사의 종류**를 일치시켜야 한다.

동사 / 명사 / 형용사 / 부사		동사 / 명사 / 형용사 / 부사
to RV / RVing / S + V ~	and / or / but	(to) RV / RVing / S + V ~

6 주의해야 할 접속사의 용법

1 if vs whether

	if	whether
타동사의 목적어	O	O
주어, 보어, 전치사의 목적어, or not, to RV	X	O

* 현대 영어에서는 if절의 끝에 or not을 쓰기도 한다. whether 다음의 or not은 whether 바로 뒤 혹은 whether절의 끝에 올 수 있고, 생략 가능하다.

2 so/such vs too

'so ~ that' 구문의 so를 very/too로 바꿀 수 없다. 이와 비슷하게 'too ~ to' 구문의 too를 so로 바꿀 수 없으며, 문장의 주어와 to RV의 목적어가 같을 경우 to RV의 목적어 자리를 비워 두어야 한다.

너무 형/부해서 ~하다	**so** + 형/부 + (a/an + 명) + **that** (O) **such** + (a/an) + 형 + 명 + **that** (O)	very/too + 형/부 + that (X)
너무 형/부해서 ~할 수 없다	**too** + 형/부 + **to** RV (O)	so + 형/부 + to RV (X)

3 unless vs lest : 이중부정 금지 / 의미 구별

unless	~하지 않는다면
lest S (should) RV	~하지 않기 위해

7 접속사 vs 전치사

뜻	전치사	접속사
~하는 동안에	during	while
~때문에	because of	because
~에도 불구하고	despite, in spite of	even though, (al)though, even if

연습 문제

1. I argued with them about if the decision was right.   O / X

2. 독감에 걸리지 않도록 몸조심하세요.
   → Take care of yourself unless you should catch a cold.   O / X

3. She is too sick that she can't eat anything.   O / X

4. The flight was delayed because technical issues with the aircraft.   O / X

1. X, if → whether 2. X, unless → lest 3. X, too → so 4. X, because → because of

5. 품사 (형용사 / 부사 / 관사 / 대명사 / 전치사)

1 형용사

1 제한적 용법으로만 쓰이는 형용사 vs 서술적 용법으로만 쓰이는 형용사

제한적 용법		서술적 용법	
live	lone	alive	alone
drunken	golden	awake	asleep
wooden	elder	afraid	aware

cf. **like** vs **alike**

like	전치사	~같은 / 처럼
alike	형용사(서술적)	비슷한

2 형용사 주요 구문

➡ 난이형용사 구문

> *POINT 1* to RV의 의미상의 주어는 문장의 주어로 쓰일 수 없지만, to RV의 목적어는 문장의 주어로 쓰일 수 있다.
> *POINT 2* to RV의 목적어가 문장의 주어로 간 경우, to RV의 목적어 자리가 비어 있는지 확인한다.

It + is + 난이형용사 + for + 의미상의 주어 + to RV + 명사

→ 명사 + is + 난이형용사 + for + 의미상의 주어 + to RV

어려운 / 쉬운, 편리한	difficult, hard, tough / easy, convenient
가능한 / 불가능한	possible / impossible

➡ 사람의 성격을 나타내는 형용사 구문

> *POINT 1* to RV의 의미상의 주어는 'of + 목적격'이다.
> *POINT 2* 의미상의 주어가 문장의 주어로 이동 가능하다.

kind 친절한	wise 현명한	clever 현명한
thoughtful 사려 깊은	considerate 사려 깊은	generous 너그러운
stupid 어리석은	foolish 멍청한	rude 무례한

③ '수 형용사 + 복수 명사' vs '양 형용사 + 단수 명사'

수 형용사 + 복수가산명사		양 형용사 + 불가산명사	
many	많은	much	많은
few	거의 없는	little	거의 없는
a few	약간의	a little	약간의
quite[not] a few	꽤 많은 수의	quite[not] a little	꽤 많은 양의
a number of	많은 수의	an amount of	많은 양의
several	몇몇의	a good[great] deal of	많은

연습 문제 -

1. The book is difficult for me to read it.　　　　　　　　　　　　　　ㅇ / ✕

2. Experiments on alive animals should be banned.　　　　　　　　　ㅇ / ✕

3. It is very kind for you to help me.　　　　　　　　　　　　　　　　ㅇ / ✕

4. The speaker said a little interesting things.　　　　　　　　　　　ㅇ / ✕

1. ✕, read it → read 2. ✕, alive → live 3. ✕, for you → of you 4. ✕, a little → a few

2 부사

1 -ly를 붙이면 뜻이 바뀌는 형용사·부사

late	늦은 / 늦게	lately	최근에 cf. latest 최신의
hard	힘든, 열심인 / 열심히	hardly	거의 ~하지 않는
near	가까운 / 가까이	nearly	거의
high	높은 / 높이, 높게	highly	매우, 고귀하게

2 부사로 착각하기 쉬운 -ly 형용사

friendly	친근한	costly	값비싼
lively	활기찬	deadly	치명적인
lonely	외로운	timely	시기적절한

3 enough의 어순

enough가 형용사로 쓰이면 명사 앞뒤 모두에서 수식할 수 있지만, 부사로 쓰이면 후치 수식만 가능하다.

형용사 + **enough** (to RV)

4 비슷한 용법의 부사 구별

➡ very vs much

| very | 원급 수식 / 현재분사 수식 / the very 최상급 / 동사 수식 불가 |
| much | 비교급 수식 / 과거분사 수식* / much the 최상급 / 동사 수식 가능 |

* 감정을 나타내는 과거분사(surprised, pleased 등)는 very로 수식하는 것이 더 일반적이다.

➡ most vs almost

most	대명사	대부분	most of the people
	형용사	대부분의	most people
	부사	가장	most beautiful
almost	부사	거의	almost all (of) the people *cf.* almost people (X)

➡ too vs either

too	~또한 ~하다 (긍정 동의)	**either**	~또한 ~하지 않다 (부정 동의)

5 부정부사·빈도부사

➡ 부정부사

POINT 1 not 또는 never와 함께 쓰이지 않는 것을 확인 (부정어 중복 X)
POINT 2 부정부사가 문두에 오는 경우, '대동사 + 주어'의 어순으로 도치되었는지 확인

hardly, scarcely, rarely, barely, seldom, neither, never, little

➡ 빈도부사

often, sometimes, usually, always, hardly 등의 빈도부사는 '일반동사 앞, be동사와 조동사 뒤'에 위치한다. '조동사 + be동사'가 올 경우 조동사와 be동사의 사이에 위치한다.

연습 문제

1. He was enough kind to carry my books.　　　　　　　　　　　　　　○ / ✕

2. This smartphone is very cheaper than yours.　　　　　　　　　　　　○ / ✕

3. Because he didn't study Spanish, he could hard understand the book written in Spanish.　○ / ✕

1. X, enough kind → kind enough 2. X, very → much 3. X, hard → hardly

3 관사

• **주의해야 할 관사의 위치**

such, what, quite, many + a(n) + 형 + 명
so, as, too, how, however + 형 + a(n) + 명

4 대명사

1 대명사의 단/복수 수일치

➡ it vs them
➡ its vs their
➡ that of vs those of
➡ one vs ones

2 부정대명사

➡ one vs another vs the other

one	처음 하나	another	또 다른 하나	the other	마지막 남은 하나
some	처음 몇 개	others	또 다른 것들	the others	마지막 남은 것들

cf. another + 단수 명사 / other + 복수 명사

➡ each vs every

	부정대명사	부정형용사
each	+ 단수 동사 + of + 복수 명사 + 단수 동사	+ 단수 명사 + 단수 동사
every	-	+ 단수 명사 + 단수 동사

연습 문제 --------

1. All of us need to overcome such a foolish fear.　　　　○ / ×

2. The ears of a rabbit are longer than that of a wolf.　　　　○ / ×

3. Every of these systems has advantages and disadvantages.　　　　○ / ×

1. O 2. X, that → those 3. X, Every → Each

5 전치사

1 until vs by

until	동작이나 상태의 지속 → '계속'이라는 말을 넣어 해석
by	동작의 완료 → '늦어도'라는 말을 넣어 해석

2 for vs during

for	+ 불특정 기간 (주로 숫자를 포함 : for six days)
during	+ 특정 기간 (주로 한정사를 포함 : during his vacation)

3 beside vs besides

beside	[전치사] ~의 옆에; ~을 벗어난
besides	[전치사] ~외에(도), [접속부사] 게다가

4 between vs among

between	주로 둘 사이에서	비교급과 어울림
among	셋 이상 사이에서	최상급과 어울림

5 시간 개념 앞의 on vs at vs in

on	특정일, 날짜, 요일
at	시각, 새벽·밤, 정오·자정
in	오전·오후, 아침·저녁, 연도, 월, 계절, 세기

연습 문제

1. They went to London during the vacation and stayed there for three weeks.　　○ / ✕

2. If nothing else happens, we must complete the task until tomorrow.　　○ / ✕

3. Beside working as a doctor, he also writes novels in his spare time.　　○ / ✕

1. ○ 2. ✕, until → by 3. ✕, Beside → Besides

6. 비교 / 도치 / 특수 구문

1 비교

1 원급과 비교급 check point

POINT 1 혼용 또는 중복 check
> ex more prettier (X), as pretty than (X), as prettier as (X)

POINT 2 비교되는 두 대상의 급이 같아야 한다.
> ex The climate of Korea is milder than Canada. (X)

2 The 비교급, the 비교급 : ~하면 할수록 더 ~하다

POINT 1 the가 비교급 양쪽에 모두 위치해야 한다.
POINT 2 최상급이나 원급이 아닌 비교급이 와야 한다.
POINT 3 형용사 보어가 'the 비교급' 형태로 강조되는 경우, 주어보다 앞에 위치해야 한다.

3 비교급 강조

much, still, even, (by) far, a lot	(O)
very	(X)

4 라틴계 비교급

➡ 라틴계 형용사

superior to ~보다 우수한	inferior to ~보다 열등한	preferable to ~보다 더 나은

➡ prefer

prefer	(동)명사	to	(동)명사
	to RV	(rather) than	(to) RV

5 원급·비교급 관용 구문

not so much A as B	A라기보다는 오히려 B인
would rather A than B*	B하기보다는 차라리 A하겠다
know better than to RV	~할 정도로 어리석지 않다

* A와 B에 RV가 왔는지 check

연습 문제

1. The population of China is much larger than those of Korea.   ○ / ✕

2. A likely impossibility is always preferable than an unconvincing possibility.   ○ / ✕

3. The more expensively a hotel is, the better its service is.   ○ / ✕

4. Jane is not as young than she looks.   ○ / ✕

5. I would rather walk than taking a taxi.   ○ / ✕

6. 그는 사업가라기보다는 학자이다.
   → He is not so much a scholar as a businessman.   ○ / ✕

1. ✕, those → that 2. ✕, than → to 3. ✕, expensively → expensive 4. ✕, than → as 5. ✕, taking → take
6. ✕, a scholar as a businessman → a businessman as a scholar

2 도치

1 무조건 도치

➡ 부정어 또는 'only + 부사'가 문두에 나온 경우

부정어	not / never	~이 아닌 / 결코 ~않다
	little / hardly / scarcely / seldom / barely / rarely	거의 ~않다
	not only A but (also) B	A할 뿐만 아니라 B하다
	no sooner A than B	A하자마자 B하다
	on no account / under no circumstances	어떠한 경우에도 ~않다
only + 부사	only then	그때서야
	only recently	최근에야
	only when A B	A할 때에야 비로소 B하다

* 밑줄은 도치가 일어나는 부분을 나타냄 / only가 명사나 대명사 주어를 수식할 때는 도치되지 않는다.

➡ so/neither + V + S

> *POINT 1* 'V + S'의 어순이 맞는지 check
> *POINT 2* 긍정(so)인지 부정(neither)인지 check
> *POINT 3* 대동사(do동사/be동사/조동사)가 제대로 왔는지 check

긍정 동의	and + **so** + V + S	S + V, **too**
부정 동의	and + **neither** + V + S	S + V, **either**
	nor + V + S	-

➡ 형용사 보어가 문두에 나온 경우

> be동사의 보어로 쓰인 형용사나 분사가 문두에 오면 '형용사 + be동사 + 주어'의 어순으로 도치된다.

ex Helpful is the presence of comforting music.
위안이 되는 음악의 존재는 도움이 된다.

문법

CHAPTER 3 문법

CHAPTER 3 문법

➡ **'so + 형/부'가 문두에 나온 경우**

so ~ that 구문의 'so + 형/부'가 문두에 나온 경우, '대동사 + 주어'의 어순으로 도치된다.

ex So cold was it that I had to leave early.
너무 추워서 나는 일찍 떠나야 했다.

② 조건 도치

➡ **장소·방향의 부사구 또는 유도부사(Here/There)가 문두에 나온 경우**

① 일반명사 주어이고 (대명사 주어 X) ② 1형식 자동사일 때 주어와 동사가 도치된다.

➡ **원급과 비교급 구문의 종속절에서의 도치**

종속절의 주어가 대명사가 아닌 일반명사일 경우 선택적으로 도치될 수 있다.

ex My son plays more video games than do his friends.
= My son plays more video games than his friends do.
내 아들은 그의 친구들보다 비디오 게임을 더 많이 한다.

➡ **as 양태 부사절의 도치**

as절의 주어가 대명사가 아닌 일반명사일 경우 선택적으로 도치될 수 있다.

ex She's very tall, as is her mother.
= She's very tall, as her mother is.
그녀는 그녀의 어머니가 그런 것처럼 매우 키가 크다.

연습 문제

1. Under no circumstances can a customer's money be refunded. ○ / ×

2. He didn't come to school, and so did she. ○ / ×

3. Outside the house a boy stood. ○ / ×

1. O 2. X, and so → and neither 또는 nor 3. X, a boy stood → stood a boy

이만알 | 98

3 특수 구문

1 가목적어-진목적어 구문

> **POINT 1** 가목적어 it 빠지면 (X)
> **POINT 2** 목적격 보어 자리에 부사 오면 (X)
> **POINT 3** 진목적어에 원형부정사 오면 (X)

make, find, keep, think	+ it	+ OC + to RV/that절

2 가주어-진주어 구문

문장의 균형을 위해 주어 자리의 to RV구나 명사절을 문미로 이동시키고 원래의 주어 자리를 it으로 대신한 것이다. 진주어는 원칙적으로 to RV구나 명사절(that절, 의문사절 등)만 가능하다.

ex It is impossible for me to deceive her.
　　내가 그녀를 속이는 것은 불가능하다.

3 It ~ that 강조 구문

주어, 목적어, 부사구(절)를 It ~ that 사이에 넣어서 강조하는 구문이다.
강조되는 대상에 따라 that을 who(m), which, where로 바꿀 수 있다.

ex It was she that[who] told Mary the story at school yesterday.
　　어제 학교에서 Mary에게 그 이야기를 해준 사람은 바로 그녀였다.

4 부가의문문

앞 문장이 '긍정'이면 '부정'으로, 앞 문장이 '부정'이면 '긍정'으로 만든다.
부가의문문의 동사는 주절의 동사에 그 종류와 시제를 맞추어야 한다.
'There + be동사' 구문은 there를 부가의문문의 주어로 쓴다.

연습 문제 -

1. The fact that he is a foreigner makes difficult for him to get a job.　　　　　○ / ✕

2. You asked her out for a date, wasn't you?　　　　　○ / ✕

1. X, makes → makes it 2. X, wasn't → didn't

PART
02

이것만은 풀고 가자

이것만은 알고가자

어휘/생활영어/문법
7문제 35점을 지키기 위한
막판 스퍼트!

심슨은 반드시
성적을 올려줍니다!

01 밑줄 친 부분에 들어갈 말로 가장 적절한 것은?   25 지방직 9급

> Some plant diseases are indeed difficult to _____ because they can spread rapidly and easily, impacting multiple plants in a vast area.

① nourish   ② eradicate
③ proliferate   ④ detect

02 밑줄 친 부분에 들어갈 말로 가장 적절한 것은?   25 지방직 9급

> In the business world, _____ is highly valued as it showcases a person's commitment to meeting deadlines and respecting others' time.

① humility   ② sincerity
③ frugality   ④ punctuality

03 밑줄 친 부분에 들어갈 말로 가장 적절한 것은?   25 국가직 9급

> All international travelers must carry acceptable _____ when entering Canada. For example, a passport is the only reliable and universally accepted document when traveling abroad.

① currency   ② identification
③ insurance   ④ luggage

04 밑줄 친 부분에 들어갈 말로 가장 적절한 것은? 25 국가직 9급

> We are polluting the oceans, killing the fish and thereby _____ ourselves of invaluable food supply.

① depriving   ② informing

③ accusing   ④ curing

정답과 **해석**

01 일부 식물 질병은 빠르고 쉽게 퍼져 방대한 지역의 여러 식물에 영향을 끼칠 수 있어서 <u>근절하는</u> 것이 실제로 어렵다.
① 키우다, 영양을 공급하다 ② 근절하다 ③ 급증시키다 ④ 발견하다

02 비즈니스 세계에서 <u>시간 엄수</u>는 마감 기한을 지키고 타인의 시간을 존중하려는 개인의 헌신을 보여 주기에 높이 평가된다.
① 겸손 ② 진심 ③ 검소 ④ 시간 엄수

03 모든 국제 여행객은 캐나다에 입국할 때 인정 가능한 <u>신분증</u>을 반드시 소지해야 한다. 예를 들어, 여권은 해외여행 시 유일하게 신뢰할 수 있고 보편적으로 인정받는 문서이다.
① 통화 ② 신분증 ③ 보험 ④ 짐, 수하물

04 우리는 바다를 오염시키고 물고기를 죽이며 그렇게 함으로써 우리 자신에게서 귀중한 식량 공급을 <u>빼앗고</u> 있다.
① 빼앗다 ② 알리다 ③ 비난하다, 고발하다 ④ 치료하다

01 ② **| 02** ④ **| 03** ② **| 04** ①

05 밑줄 친 부분에 들어갈 말로 가장 적절한 것은? 　　25 예시문제 2차

> In order to exhibit a large mural, the museum curators
> had to make sure they had _____ space.

① cozy　　　　　　　　② stuffy

③ ample　　　　　　　④ cramped

06 밑줄 친 부분에 들어갈 말로 가장 적절한 것은? 　　25 예시문제 2차

> Even though there are many problems that have to
> be solved, I want to emphasize that the safety of our
> citizens is our top _____.

① secret　　　　　　　② priority

③ solution　　　　　　④ opportunity

07 밑줄 친 부분에 들어갈 말로 가장 적절한 것은? 　　25 예시문제 1차

> Recently, increasingly _____ weather patterns,
> often referred to as "abnormal climate," have been
> observed around the world.

① irregular　　　　　　② consistent

③ predictable　　　　　④ ineffective

08 밑줄 친 부분에 들어갈 말로 가장 적절한 것은? 25 예시문제 1차

> Most economic theories assume that people act on a
> _____ basis; however, this doesn't account for
> the fact that they often rely on their emotions instead.

① temporary   ② rational

③ voluntary   ④ commercial

정답과 해석

05 큰 벽화를 전시하기 위해 박물관 큐레이터들은 충분한 공간을 반드시 확보해야 했다.
① 아늑한 ② 답답한 ③ 충분한 ④ 비좁은

06 비록 해결해야 할 많은 문제가 있지만, 나는 우리 시민의 안전이 최고 우선순위임을 강조하고자 한다.
① 비밀 ② 우선순위 ③ 해결책 ④ 기회

07 최근 전 세계적으로 "이상 기후"라고 불리는 점점 더 불규칙적인 날씨 패턴이 관찰되어 왔다.
① 불규칙적인 ② 일관된, 일치하는 ③ 예측할 수 있는 ④ 효과가 없는

08 대부분의 경제 이론은 사람들이 합리적인 근거에 따라 행동한다고 가정한다. 그러나 이것은 사람들이 종종 감정에 대신 의존한다는 사실을 설명하지 못한다.
① 임시의 ② 합리적인 ③ 자발적인 ④ 상업의

05 ③ ㅣ **06** ② ㅣ **07** ① ㅣ **08** ②

09 밑줄 친 부분에 들어갈 말로 가장 적절한 것은?   24 지방직 9급

> Automatic doors in supermarkets _____ the entry and exit of customers with bags or shopping carts.

① ignore   ② forgive
③ facilitate   ④ exaggerate

10 밑줄 친 부분에 들어갈 말로 가장 적절한 것은?   24 국가직 9급

> Obviously, no aspect of the language arts stands alone either in learning or in teaching. Listening, speaking, reading, writing, viewing, and visually representing are _____.

① distinct   ② distorted
③ interrelated   ④ independent

11 밑줄 친 부분에 들어갈 말로 가장 적절한 것은?   23 지방직 9급

> Voters demanded that there should be greater _____ in the election process so that they could see and understand it clearly.

① deception   ② flexibility
③ competition   ④ transparency

12 밑줄 친 부분에 들어갈 말로 가장 적절한 것은? 22 서울시 9급 추가채용

> People need to _____ skills in their jobs in order
> to be competitive and become successful.

① abolish　　　　　② accumulate

③ diminish　　　　④ isolate

정답과 해석

09 슈퍼마켓의 자동문은 가방이나 쇼핑 카트를 가진 고객들의 출입을 <u>용이하게 한다</u>.
① 무시하다 ② 용서하다 ③ 용이하게 하다, 촉진시키다 ④ 과장하다

10 분명히 언어 예술의 어떤 측면도 학습이나 가르침에서 독립적으로 존재하지 않는다. 듣기,
말하기, 읽기, 쓰기, 보기, 시각적 표현하기는 <u>상호 연관되어</u> 있다.
① 뚜렷한, 별개의 ② 비뚤어진, 왜곡된 ③ 상호 연관된 ④ 독립적인

11 유권자들은 선거 절차를 명확히 보고 이해할 수 있도록 선거 절차에 더 큰 <u>투명성</u>이 있어야
한다고 요구했다.
① 속임 ② 유연성 ③ 경쟁 ④ 투명성

12 사람들은 경쟁력을 갖추고 성공하기 위해 자신의 직업에 있어 기술을 <u>축적할</u> 필요가 있다.
① 폐지하다 ② 축적하다 ③ 줄이다, 감소하다 ④ 고립시키다

09 ③ | 10 ③ | 11 ④ | 12 ②

13 밑줄 친 부분에 들어갈 말로 가장 적절한 것은?　　22 간호직 8급

> I am aware that my driver's license will _____ in about two weeks.

① expire　　　　　② expose

③ explore　　　　④ express

14 밑줄 친 부분에 들어갈 말로 가장 적절한 것은?　　20 경찰직 1차 (변형)

> The detectives _____ some clues of the hit-and-run accident and could successfully arrest the real criminal.

① eradicated　　　② distorted

③ complimented　④ scrutinized

15 밑줄 친 부분에 들어갈 말로 가장 적절한 것은?　　19 경찰직 1차 (변형)

> He's a _____ actor who has played a wide variety of parts so splendidly.

① versatile　　　　② merciless

③ anonymous　　　④ bankrupt

16

밑줄 친 부분에 들어갈 말로 가장 적절한 것은?

16 국가직 9급

> The campaign to eliminate pollution will prove _____ unless it has the understanding and full cooperation of the public.

① enticing   ② enhanced

③ fertile   ④ futile

정답과 해석

13 나는 약 2주 후에 운전면허가 <u>만료될</u> 것을 알고 있다.
① 만료되다 ② 노출시키다 ③ 탐험하다 ④ 표현하다

14 수사관들은 뺑소니 사건의 몇 가지 단서를 <u>면밀히 조사하여</u> 진범을 성공적으로 체포할 수 있었다.
① 근절하다 ② 왜곡하다 ③ 칭찬하다 ④ 면밀히 조사하다

15 그는 매우 다양한 배역을 아주 훌륭하게 소화해 내는 <u>다재다능한</u> 배우다.
① 다재다능한 ② 무자비한 ③ 익명의 ④ 파산한

16 오염을 없애기 위한 캠페인은 대중의 이해와 완전한 협력이 없다면 <u>헛된</u> 것으로 판명될 것이다.
① 유혹적인 ② 향상된 ③ 비옥한 ④ 헛된, 소용없는

13 ① | 14 ④ | 15 ① | 16 ④

17   밑줄 친 부분에 들어갈 말로 가장 적절한 것은?   16 지방직 9급 (변형)

> Penicillin can have a(n) _____ effect on a person who is allergic to it.

① economical   ② grateful

③ adverse   ④ monotonous

18   밑줄 친 부분에 들어갈 말로 가장 적절한 것은?   16 교행직 9급

> Agriculture accelerates the loss of biodiversity. As we've cleared areas of grassland and forest for farms, we've lost crucial habitat, making agriculture a major driver of wildlife _____.

① extinction   ② reproduction

③ classification   ④ diversification

19   밑줄 친 부분에 들어갈 말로 가장 적절한 것은?   16 기상직 9급 (변형)

> The speaker _____ pretentious phrases and instead used simple and direct language.

① asserted   ② imitated

③ abandoned   ④ boasted

20 밑줄 친 부분에 들어갈 말로 가장 적절한 것은? 14 기상직 9급 (변형)

> His _____ mother was willing to let him do anything he wanted.

① variable
② insistent
③ generous
④ cruel

---

17 페니실린은 그것에 알레르기가 있는 사람에게 역효과를 낼 수 있다.
① 경제적인, 절약하는 ② 감사하는 ③ 역의, 반대의 ④ 단조로운

18 농업은 생물 다양성의 상실을 가속한다. 우리는 농장을 위해 초원과 숲 지역들을 개간하면서, 중요한 서식지를 잃고 농업을 야생동물 멸종의 주요 동인으로 만들었다.
① 멸종 ② 번식 ③ 분류 ④ 다양화

19 그 연설자는 가식적인 말을 버리고 대신에 간결하고 직설적인 언어를 사용했다.
① 단언하다 ② 모방하다 ③ 버리다 ④ 자랑하다

20 그의 관대한 어머니는 그가 하고 싶은 것은 무엇이든 하도록 기꺼이 허락했다.
① 변동이 심한 ② 고집하는 ③ 관대한 ④ 잔인한

17 ③ | 18 ① | 19 ③ | 20 ③

21 밑줄 친 부분에 들어갈 말로 가장 적절한 것은?　　13 서울시 9급 (변형)

> The American Academy of Pediatrics suggests that parents _____ their own TV watching, to allow more time to actually talk with their kids.

① prevail　　　　② curb
③ bestow　　　　④ decipher

22 밑줄 친 부분에 들어갈 말로 가장 적절한 것은?　　12 기상직 9급 (변형)

> Mr. Stuart carefully _____ equal amounts of his property to each of his children in order to prevent any arguments between them.

① complimented　　② allocated
③ inhabited　　　　④ acquired

23 밑줄 친 부분에 들어갈 말로 가장 적절한 것은?　　12 경찰직 1차

> Technology is developing so fast that the _____ of privacy are ahead of the protections.

① boundaries　　　② questions
③ violations　　　　④ expectations

24 밑줄 친 부분에 들어갈 말로 가장 적절한 것은? 예상 문제

> The museum employs advanced conservation methods
> to _____ ancient records and documents.

① preserve　　　　　② remove

③ recommend　　　　④ ignore

정답과 **해석**

21　미국소아과학회는 부모들이 자식들과 실제로 대화할 시간을 더 많이 내도록 그들 자신의 TV 시청을 제한할 것을 제안한다.
① 만연하다 ② 제한하다 ③ 수여하다 ④ 해독하다

22　Stuart 씨는 자식들 간의 언쟁을 막기 위해 그들 각자에게 자신의 재산을 똑같은 양으로 신중하게 분배했다.
① 칭찬하다 ② 분배하다 ③ 거주하다 ④ 얻다

23　기술은 너무 빠르게 발전하고 있어 사생활의 침해가 보호보다 앞서 있다.
① 경계 ② 질문 ③ 침해 ④ 기대

24　박물관은 고대 기록과 문서를 보존하기 위해 고급 보존 방법을 사용한다.
① 보존하다 ② 제거하다 ③ 추천하다 ④ 무시하다

21 ② ｜ 22 ② ｜ 23 ③ ｜ 24 ①

25 밑줄 친 부분에 들어갈 말로 가장 적절한 것은? 예상 문제

> The team members conducted a thorough discussion and analysis, finally reaching a(n) _____ agreement without anyone opposing it.

① eloquent   ② reckless

③ unanimous   ④ abstract

26 밑줄 친 부분에 들어갈 말로 가장 적절한 것은? 예상 문제

> Despite facing numerous challenges, the young athlete managed to _____ all expectations and set a new world record in the 100-meter sprint.

① surpass   ② console

③ reject   ④ congratulate

27 밑줄 친 부분에 들어갈 말로 가장 적절한 것은? 예상 문제

> The aggressive dog _____ the pedestrians, barking and growling.

① frightened   ② grieved

③ worshiped   ④ patrolled

28 밑줄 친 부분에 들어갈 말로 가장 적절한 것은? 예상 문제

> The company's high financial performance over the years has earned it a(n) _____ reputation in the industry.

① credible   ② pathetic

③ bankrupt   ④ equivocal

정답과 **해석**

25 팀원들은 철저한 토론과 분석을 진행했고, 마침내 아무도 반대하지 않고 만장일치의 합의에 도달했다.
① 말 잘하는 ② 무모한 ③ 만장일치의 ④ 추상적인, 난해한

26 수많은 도전에 직면했음에도 불구하고, 이 어린 선수는 모든 예상을 뛰어넘어 100미터 달리기에서 세계 신기록을 세웠다.
① 뛰어넘다 ② 위로하다 ③ 거절하다 ④ 축하하다

27 그 공격적인 개는 짖고 으르렁거리며 보행자들을 위협했다.
① 위협하다 ② 슬퍼하다 ③ 숭배하다 ④ 순찰하다

28 회사의 수년간 높은 재무 실적은 그곳에 업계에서 신뢰할 만한 명성을 가져다 주었다.
① 신뢰할 만한 ② 불쌍한 ③ 파산한 ④ 모호한

25 ③ | 26 ① | 27 ① | 28 ①

29 밑줄 친 부분에 들어갈 말로 가장 적절한 것은?   예상 문제

> The manager decided to _____ the employee due to repeated violations of company policies.

① dismiss   ② introduce

③ promote   ④ admire

30 밑줄 친 부분에 들어갈 말로 가장 적절한 것은?   예상 문제

> John is always _____ for his morning meetings, arriving five minutes early without fail.

① ridiculous   ② fatal

③ sacred   ④ punctual

31 밑줄 친 부분에 들어갈 말로 가장 적절한 것은?   예상 문제

> The team's _____ performance during the tournament led them to victory against much stronger opponents.

① clumsy   ② vague

③ exceptional   ④ available

32 밑줄 친 부분에 들어갈 말로 가장 적절한 것은?   예상 문제

> The bright red umbrella was so _____ in the crowd that it immediately caught everyone's attention.

① crucial
② conspicuous
③ adequate
④ unclear

정답과 해석

29   반복되는 회사 정책 위반 때문에 경영자는 그 직원을 해고하기로 결정했다.
① 해고하다, 해산시키다 ② 소개하다 ③ 촉진하다, 승진시키다 ④ 존경하다

30   John은 반드시 5분 일찍 도착하여 아침 회의에 항상 시간을 엄수한다.
① 우스운, 어리석은 ② 치명적인 ③ 성스러운 ④ 시간을 엄수하는

31   토너먼트 동안 팀의 아주 뛰어난 활약은 그들을 훨씬 더 강한 상대들에 대한 승리로 이끌었다.
① 어설픈, 서투른 ② 모호한 ③ 아주 뛰어난, 예외적인 ④ 이용할 수 있는

32   그 밝은 빨간색의 우산은 사람들 속에서 매우 눈에 잘 띄어 즉시 모두의 주의를 끌었다.
① 중요한, 결정적인 ② 눈에 잘 띄는 ③ 충분한 ④ 불확실한

29 ① | 30 ④ | 31 ③ | 32 ②

33 밑줄 친 부분에 들어갈 말로 가장 적절한 것은?　　예상 문제

> The stock prices continued to _____ throughout the day, making it difficult for investors to predict the market trends.

① approve　　　　　② provoke

③ sustain　　　　　④ fluctuate

34 밑줄 친 부분에 들어갈 말로 가장 적절한 것은?　　예상 문제

> Hangul, King Sejong's _____ invention, is praised worldwide for its scientific design and accessibility in forming a written language.

① trivial　　　　　② superficial

③ peculiar　　　　④ ingenious

35 밑줄 친 부분에 들어갈 말로 가장 적절한 것은?　　예상 문제

> Some materials are highly _____ to damage from moisture, which means they need to be stored in dry environments.

① contagious　　　　② committed

③ noticeable　　　　④ susceptible

밑줄 친 부분에 들어갈 말로 가장 적절한 것은?

> Growing up in a multicultural household, she became _____ in several languages, which allowed her to communicate effortlessly with people from diverse backgrounds.

① contemporary ② proficient
③ incapable ④ resilient

정답과 해석

33 주가는 하루 종일 계속해서 변동하여 투자자들이 시장 동향을 예측하기 어렵게 만들었다.
① 허가하다 ② 유발하다 ③ 떠받치다, 유지하다 ④ 변동하다

34 세종대왕의 기발한 발명인 한글은 과학적 설계와 문자 형성의 용이성으로 전 세계적으로 찬사를 받고 있다.
① 사소한 ② 표면(상)의, 피상적인 ③ 독특한, 이상한 ④ 기발한

35 어떤 재료들은 습기로 인한 손상에 매우 취약하며, 이는 그 재료들이 건조한 환경에서 보관되어야 함을 의미한다.
① 전염성의 ② 전념하는, 헌신적인 ③ 눈에 띄는 ④ 영향받기 쉬운, 취약한

36 다문화 가정에서 자라면서 그녀는 여러 언어에 능숙해졌고, 이는 그녀가 다양한 배경을 가진 사람들과 어렵지 않게 소통할 수 있게 해주었다.
① 동시대의, 현대의 ② 능숙한 ③ 할 수 없는 ④ 탄력성이 있는

| 33 ④ | 34 ④ | 35 ④ | 36 ② |

37 밑줄 친 부분에 들어갈 말로 가장 적절한 것은? 　　예상 문제

> With the rising rate of electric scooter accidents, the Road Traffic Act was revised to make helmet use _____ for all riders.

① ambiguous 　　② mandatory

③ futile 　　④ unwilling

38 밑줄 친 부분에 들어갈 말로 가장 적절한 것은? 　　예상 문제

> The factory planned a(n) _____ replacement of worn-out equipment to avoid disrupting daily operations and ensure a smooth transition.

① radical 　　② severe

③ intricate 　　④ gradual

39 밑줄 친 부분에 들어갈 말로 가장 적절한 것은? 　　예상 문제

> During the conference, _____ translation was provided so that attendees from different countries could understand the presentation without any delay.

① simultaneous 　　② confusing

③ insignificant 　　④ overdue

40 밑줄 친 부분에 들어갈 말로 가장 적절한 것은?

> The organization offered a temporary position at first, but after six months of excellent performance, she was given a(n) _____ role.

① conventional   ② artificial

③ momentary   ④ permanent

정답과 해석

37 전동 킥보드의 사고율이 증가함에 따라 모든 탑승자에게 헬멧 착용을 의무화하도록 도로교통법이 개정되었다.
① 모호한 ② 명령의, 의무적인 ③ 헛된, 소용없는 ④ 꺼리는

38 그 공장은 일상 운영에 지장을 주지 않고 원활한 전환을 보장하기 위해 노후화된 장비의 점진적인 교체를 계획했다.
① 근본적인, 급진적인 ② 극심한 ③ 복잡한 ④ 점진적인

39 회의 동안 다양한 국가에서 온 참석자들이 발표를 어떤 지연도 없이 이해할 수 있도록 동시 통역이 제공되었다.
① 동시의, 동시에 일어나는 ② 혼란스러운 ③ 사소한 ④ 기한이 지난

40 그 조직이 처음에 임시직을 제안했으나 6개월간 훌륭한 성과를 낸 후 그녀는 영구직을 받았다.
① 관습적인, 전통적인 ② 인공의 ③ 순간적인, 잠깐의 ④ 불변의, 영구적인

37 ② | 38 ④ | 39 ① | 40 ④

41 밑줄 친 부분에 들어갈 말로 가장 적절한 것은? 예상 문제

One major _____ of sugar substitutes like allulose is their potential to cause digestive discomfort when consumed in large quantities.

① merit   ② virtue
③ drawback   ④ incentive

42 밑줄 친 부분에 들어갈 말로 가장 적절한 것은? 예상 문제

After years of negotiation, the government successfully _____ cultural artifacts that had been taken during colonial rule.

① retrieved   ② disregarded
③ isolated   ④ abolished

43 밑줄 친 부분에 들어갈 말로 가장 적절한 것은? 예상 문제

Despite winning an Oscar, the film remains highly _____ among critics due to its explicit content and violence.

① notable   ② controversial
③ unanimous   ④ splendid

밑줄 친 부분에 들어갈 말로 가장 적절한 것은?

Due to the twenty-eight _____ days of rain, roads are flooded everywhere, causing major disruptions to transportation.

---

① consecutive   ② temperate

③ sporadic   ④ impending

| 정답과 **해석** |

41   알룰로스와 같은 대체 당의 주요 문제점 중 하나는 많은 양을 섭취했을 때 소화 불편을 유발할 가능성이 있다는 점이다.
① 장점 ② 미덕 ③ 결점, 문제점 ④ 자극, 동기, 장려책

42   수년간의 협상 끝에, 정부는 식민 통치 기간 동안 약탈당했던 문화재를 성공적으로 되찾았다.
① 되찾다 ② 무시하다 ③ 고립시키다 ④ 폐지하다

43   오스카상을 수상했음에도 불구하고, 그 영화는 노골적인 내용과 폭력성 때문에 비평가들 사이에서 여전히 많은 논란을 일으키고 있다.
① 주목할 만한 ② 논란의 여지가 있는 ③ 만장일치의 ④ 훌륭한

44   28일간 연속된 비로 인해 도로 곳곳이 침수되어 교통에 큰 차질을 빚고 있다.
① 연속적인 ② 온화한 ③ 산발적인 ④ 임박한

41 ③ | **42** ① | **43** ② | **44** ①

45 밑줄 친 부분에 들어갈 말로 가장 적절한 것은? 예상 문제

> Using electronic devices in airplanes can interfere with navigation systems, _____ the safety of all passengers on board.

① assuring　　　　② endangering
③ relieving　　　　④ tolerating

46 밑줄 친 부분에 들어갈 말로 가장 적절한 것은? 예상 문제

> Notre-Dame Cathedral in Paris requires extensive restoration work since its exterior, like gargoyles, has _____ due to years of acidic rain.

① thrived　　　　② deteriorated
③ revealed　　　　④ engraved

47 밑줄 친 부분에 들어갈 말로 가장 적절한 것은? 예상 문제

> The comedian's jokes were intended to highlight societal issues rather than insult anyone, no matter how _____ they seemed.

① offensive　　　　② thoughtful
③ habitual　　　　④ attentive

48

밑줄 친 부분에 들어갈 말로 가장 적절한 것은?

> Although the two brands are owned by the same company,
> they are completely _____ brands, designed to appeal
> to different customer needs.

① corrupt　　　　　② identical
③ distinct　　　　　④ apathetic

정답과 해석

45　비행기에서 전자기기를 사용하는 것은 항법 시스템에 간섭을 일으켜, 탑승한 모든 승객의 안전을 위태롭게 할 수 있다.
① 보장하다 ② 위험에 빠뜨리다, 위태롭게 하다 ③ 완화시키다, 덜다 ④ 참다, 견디다

46　파리의 노트르담 대성당은 가고일 조각상과 같은 외관이 수년간의 산성비로 인해 악화되었기 때문에 광범위한 복원 작업이 필요하다.
① 번영하다 ② 악화되다 ③ 드러내다, 밝히다 ④ 새기다, 조각하다

47　그 코미디언의 농담이 아무리 불쾌하게 들렸더라도 그것은 누구를 모욕하기 위한 것이 아니라 사회적 문제를 강조하기 위한 것이었다.
① 불쾌한, 공격적인 ② 사려 깊은 ③ 습관적인 ④ 주의 깊은, 세심한

48　두 브랜드가 동일한 회사 소속임에도 불구하고, 이들은 각기 다른 고객의 요구를 충족하도록 만들어진 완전히 별개의 브랜드이다.
① 부패한 ② 동일한 ③ 뚜렷한, 별개의 ④ 무관심한

45 ② | 46 ② | 47 ① | 48 ③

49 밑줄 친 부분에 들어갈 말로 가장 적절한 것은?　　　　예상 문제

> This product is a great way to replenish magnesium levels, which are often _____ in individuals due to imbalanced diet and chronic stress.

① ample　　　　　　② surplus

③ noxious　　　　　④ deficient

50 밑줄 친 부분에 들어갈 말로 가장 적절한 것은?　　　　예상 문제

> She had been _____ to mention her idea before but now she feels confident enough to share it with the team.

① reluctant　　　　　② arrogant

③ abnormal　　　　　④ reckless

51 밑줄 친 부분에 들어갈 말로 가장 적절한 것은?　　　　예상 문제

> In the initial stages of designing a website, it is not necessary to be _____, as the focus should be on the overall layout rather than minor details.

① thorough　　　　　② awkward

③ urgent　　　　　　④ decisive

52 밑줄 친 부분에 들어갈 말로 가장 적절한 것은?

예상 문제

> Helen Keller struggled to understand how words could describe _____ ideas, like love and thought, which cannot be seen or touched.

① apparent   ② intriguing

③ abstract   ④ tangible

정답과 **해석**

49 이 제품은 불균형한 식단과 만성 스트레스로 인해 종종 개인에게 부족한 마그네슘 수치를 보충하는 데 탁월하다.
① 충분한 ② 과잉의 ③ 유해한 ④ 부족한, 결함이 있는

50 그녀는 이전에는 자신의 아이디어를 언급하는 것을 주저했지만, 이제는 팀과 그것을 공유할 만큼 충분히 자신감을 느끼고 있다.
① 꺼리는, 주저하는 ② 거만한 ③ 비정상적인 ④ 무모한

51 웹사이트를 디자인하는 초기 단계에서는 세부 사항보다는 전체적인 레이아웃에 초점을 맞춰야 하므로 철저할 필요는 없다.
① 철저한 ② 어설픈, 서투른 ③ 긴급한 ④ 결정적인

52 Helen Keller는 사랑과 생각처럼 보거나 만질 수 없는 추상적인 개념을 단어가 어떻게 설명할 수 있는지 이해하는 데 어려움을 겪었다.
① 분명한 ② 흥미를 자아내는 ③ 추상적인, 난해한 ④ 만질 수 있는, 유형의

49 ④ ｜ 50 ① ｜ 51 ① ｜ 52 ③

53 밑줄 친 부분에 들어갈 말로 가장 적절한 것은?   예상 문제

> Some critics say that the movie _____ negative stereotypes about the stay-at-home dads, portraying them as incompetent and less masculine.

① abhors   ② diminishes
③ impairs   ④ reinforces

54 밑줄 친 부분에 들어갈 말로 가장 적절한 것은?   예상 문제

> Shakespeare, a(n) _____ English writer, has maintained his popularity for centuries due to the timeless themes and universal appeal of his plays.

① mediocre   ② typical
③ eminent   ④ infamous

55 밑줄 친 부분에 들어갈 말로 가장 적절한 것은?   예상 문제

> His _____ act of vandalism, caught on camera, clearly showed his intent to cause significant damage to the historic landmark.

① subtle   ② deliberate
③ subconscious   ④ obscure

56 밑줄 친 부분에 들어갈 말로 가장 적절한 것은?

> The old house must _____ extensive renovations to meet modern standards before it can be sold.

① exclude   ② postpone

③ undergo   ④ replenish

정답과 해석

53   일부 비평가들은 그 영화가 전업 아빠들을 무능하고 남자다움이 부족한 사람으로 묘사하며 부정적인 고정관념을 강화한다고 말한다.
① 혐오하다 ② 줄이다, 감소하다 ③ 손상시키다 ④ 강화하다

54   저명한 영국 작가인 Shakespeare는 그의 희곡의 시대를 초월한 주제와 보편적인 매력 덕분에 수 세기 동안 인기를 유지해 왔다.
① 보통의, 그저 그런 ② 전형적인 ③ 저명한 ④ 악명 높은

55   카메라에 포착된 그의 의도적인 기물 파손 행위는 역사적인 랜드마크에 큰 피해를 입히려는 그의 의도를 명확히 보여 주었다.
① 미묘한, 섬세한 ② 의도적인 ③ 잠재의식의 ④ 모호한, 잘 알려지지 않은

56   그 오래된 집은 현대 기준을 충족시키기 위해 매각되기 전에 광범위한 수리를 거쳐야 한다.
① 배제하다 ② 미루다 ③ 겪다, 경험하다 ④ 다시 채우다

53 ④ **| 54** ③ **| 55** ② **| 56** ③

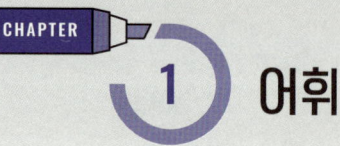

57 밑줄 친 부분에 들어갈 말로 가장 적절한 것은?　　　　　예상 문제

> The athlete's _____ was apparent in her interviews, where she always credited her team's support for her success.

① arrogance　　　　　② apathy

③ modesty　　　　　　④ impatience

58 밑줄 친 부분에 들어갈 말로 가장 적절한 것은?　　　　　예상 문제

> He is well known for a(n) _____ lifestyle: although he earns considerable income, he avoids unnecessary expenses and prioritizes saving over spending.

① frugal　　　　　② unhealthy

③ extravagant　　　④ affluent

59 밑줄 친 부분에 들어갈 말로 가장 적절한 것은?　　　　　예상 문제

> Many students were _____ by the complex theories introduced in the lecture, leaving them unsure of how to approach the next assignment.

① enlightened　　　② relieved

③ convinced　　　　④ perplexed

60

밑줄 친 부분에 들어갈 말로 가장 적절한 것은? 예상 문제

> Since the speakers for the conference have not all been confirmed, a _____ schedule was distributed to the attendees.

① permanent
② tentative
③ flawless
④ consecutive

정답과 해석

57   그 운동선수의 겸손은 그녀의 인터뷰에서 분명히 드러났으며, 그녀는 항상 자신의 성공에 대해 팀의 지원에 공로를 돌렸다.
① 거만 ② 무관심 ③ 겸손 ④ 성급함

58   그는 검소한 생활 방식으로 잘 알려져 있는데, 그는 상당한 수입을 벌고 있음에도 불구하고, 불필요한 지출을 피하고 소비보다는 저축을 우선시한다.
① 검소한, 절약하는 ② 건강하지 못한 ③ 사치스러운 ④ 풍부한

59   많은 학생은 강의에서 소개된 복잡한 이론에 당황하여 다음 과제에 어떻게 접근해야 할지 확신이 서지 않았다.
① 깨달은, 계몽된 ② 안도하는 ③ 확신하는 ④ 당황한

60   그 학회의 연설자가 모두 확정되지 않았기 때문에 참석자들에게 잠정적인 스케줄이 배포되었다.
① 불변의, 영구적인 ② 일시적인, 잠정적인 ③ 흠이 없는 ④ 연속적인

57 ③ | 58 ① | 59 ④ | 60 ②

61 밑줄 친 부분에 들어갈 말로 가장 적절한 것은? 예상 문제

> Ben was so _____ that he trusted everyone he met, even those who clearly intended to deceive him.

① tedious   ② skeptical
③ naive   ④ cautious

62 밑줄 친 부분에 들어갈 말로 가장 적절한 것은? 예상 문제

> The infection could become _____ if the wounds are left untreated, bringing about immune system shock and potentially resulting in death.

① fatal   ② barren
③ tolerable   ④ dull

63 밑줄 친 부분에 들어갈 말로 가장 적절한 것은? 예상 문제

> Researchers who _____ others' ideas end up damaging their reputations and losing credibility in their fields.

① conserve   ② plagiarize
③ analyze   ④ promote

64 밑줄 친 부분에 들어갈 말로 가장 적절한 것은? 예상 문제

> The travel industry demonstrated its _____ after the pandemic, recovering rapidly and experiencing steady growth over the following years.

① shortcoming   ② dilemma

③ resilience   ④ attribute

정답과 **해석**

61   Ben은 너무 순진해서 그가 만난 모든 사람을 믿었고, 심지어 명백히 그를 속이려 했던 사람들까지도 믿었다.
① 지루한 ② 회의적인, 의심하는 ③ 순진한 ④ 주의 깊은, 신중한

62   상처가 치료되지 않으면 감염은 치명적이게 될 수 있으며, 면역 체계 쇼크를 초래하고 잠재적으로 사망에 이르게 한다.
① 치명적인 ② 불모의, 불임의 ③ 견딜 수 있는 ④ 무딘, 따분한

63   다른 사람들의 아이디어를 표절하는 연구자들은 결국 자신의 명성을 해치고 자신의 분야에서 신뢰를 잃게 된다.
① 보호하다 ② 표절하다 ③ 분석하다 ④ 촉진하다, 승진시키다

64   여행 산업은 팬데믹 이후 회복력을 보여줬고, 빠르게 회복하여 그 후 몇 년 동안 꾸준한 성장을 경험했다.
① 결점, 단점 ② 딜레마 ③ 탄성, 회복력 ④ 속성, 자질

61 ③ | **62** ① | **63** ② | **64** ③

65 밑줄 친 부분에 들어갈 말로 가장 적절한 것은? 예상 문제

The introduction of robotic surgery was a _____ in medical procedures, allowing for more precise operations with smaller cuts.

① catastrophe   ② setback

③ controversy   ④ breakthrough

66 밑줄 친 부분에 들어갈 말로 가장 적절한 것은? 예상 문제

Journalists sometimes use _____ names of organizations in their news articles to avoid repetitive use and improve readability.

① complicated   ② extended

③ abbreviated   ④ highlighted

67 밑줄 친 부분에 들어갈 말로 가장 적절한 것은? 예상 문제

The parking lot was so _____ with cars that it took us nearly 20 minutes to find an empty space.

① immense   ② sparse

③ dense   ④ diverse

밑줄 친 부분에 들어갈 말로 가장 적절한 것은? 예상 문제

> The shopkeeper became _____ of the customers' behavior when they kept looking around the store nervously.

① indifferent   ② suspicious

③ tolerant   ④ obvious

정답과 해석

65 로봇 수술의 도입은 의학적 절차에서 획기적인 발전이었으며, 더 작은 절개로 더 정밀한 수술을 가능하게 했다.
① 큰 재해, 재난 ② 방해, 실패 ③ 논쟁 ④ 획기적인 발전, 돌파구

66 기자들은 반복 사용을 피하고 가독성을 높이기 위해 종종 뉴스 기사에서 조직의 축약된 이름을 사용한다.
① 복잡한 ② 연장된 ③ 축약된 ④ 강조된

67 그 주차장은 자동차들로 너무 빽빽해서 빈 공간을 찾는 데 거의 20분이 걸렸다.
① 거대한, 엄청난 ② 드문 ③ 빽빽한, 밀집한 ④ 다양한, 다른

68 가게 주인은 고객들이 가게를 초조하게 두리번거릴 때 그들의 행동을 의심하게 되었다.
① 무관심한 ② 의심스러운 ③ 관대한 ④ 분명한

65 ④ | 66 ③ | 67 ③ | 68 ②

69 밑줄 친 부분에 들어갈 말로 가장 적절한 것은?   예상 문제

> What was thought to be a _____ way of speaking English because of its strange accent turned out to be a dialect of Northern England.

① cordial   ② consistent

③ feasible   ④ peculiar

70 밑줄 친 critical의 의미와 가장 가까운 것은?   25 지방직 9급 (변형)

> Health is a substantial part of human right, and makes a critical contribution to societal well-being, economic growth, and peace.

① pivotal   ② perilous

③ analytical   ④ judgmental

71 밑줄 친 assess의 의미와 가장 가까운 것은?   25 국가직 9급 (변형)

> We welcome all feedback about our consular services. Tell us when we get things wrong so that we can assess and improve our services.

① upgrade   ② prolong

③ evaluate   ④ render

72

밑줄 친 fair의 의미와 가장 가까운 것은?

> We facilitate the strategic marketing of national agricultural products in domestic and international markets while ensuring fair trading practices and promoting a competitive and efficient marketplace for producers, traders, and consumers of national crops.

① free   ② mutual

③ profitable   ④ impartial

정답과 해석

69   그 낯선 억양 때문에 영어를 구사하는 이상한 방식이라고 생각되었던 것은 북부 잉글랜드의 방언인 것으로 드러났다.
① 진심의, 다정한 ② 일관된, 일치하는 ③ 실행할 수 있는 ④ 독특한, 이상한

70   건강은 인권의 중요한 부분이며 사회 복지, 경제 성장, 평화에 중대한 기여를 합니다.
① 극히 중요한 ② 위험한 ③ 분석적인 ④ 판단의, 비판을 잘하는

71   저희 영사 서비스에 관한 모든 피드백을 환영합니다. 저희가 서비스를 평가하고 개선할 수 있도록 저희가 잘못하는 것이 있을 때 말씀해 주십시오.
① 개선하다 ② 연장하다 ③ 평가하다 ④ 제공하다

72   저희는 국내외 시장에서 자국 농산물의 전략적 마케팅을 용이하게 하는 동시에 공정한 거래 관행을 보장하며 자국 농작물의 생산자, 거래자, 소비자를 위한 경쟁력 있고 효율적인 시장을 조성합니다.
① 무료의 ② 상호 간의 ③ 수익성 있는, 유익한 ④ 공정한

69 ④ | 70 ① | 71 ③ | 72 ④

73 밑줄 친 "steps"의 의미와 가장 가까운 것은?   25 예시문제 1차 (변형)

> The ongoing noise disturbances have significantly impacted my family's well-being. I kindly request that you look into this matter and take appropriate steps to address the noise disturbances.

① movements   ② actions
③ levels   ④ stairs

74 밑줄 친 부분의 의미와 가장 가까운 것은?   24 국가직 9급

> The money was so cleverly concealed that we were forced to abandon our search for it.

① spent   ② hidden
③ invested   ④ delivered

75 밑줄 친 부분의 의미와 가장 가까운 것은?   24 국가직 9급

> To appease critics, the wireless industry has launched a $ 12 million public-education campaign on the drive-time radio.

① soothe   ② counter
③ enlighten   ④ assimilate

밑줄 친 부분의 의미와 가장 가까운 것은?   24 지방직 9급

> While Shakespeare's comedies share many similarities, they also differ <u>markedly</u> from one another.

① softly   ② obviously

③ marginally   ④ indiscernibly

정답과 해석

73 계속되는 소음 방해가 제 가족의 행복에 큰 (악)영향을 끼치고 있습니다. 이 문제를 조사
하시고 소음 방해를 해결하기 위한 적절한 <u>조치</u>를 취해 주시기를 정중히 요청드립니다.
① 움직임 ② 조치 ③ 수준 ④ 계단

74 그 돈은 너무 교묘하게 <u>숨겨져</u> 있어서 우리는 그것을 찾는 것을 포기할 수밖에 없었다.
① 쓰인 ② 숨겨진 ③ 투자된 ④ 전달된

75 비판자들을 <u>진정시키기</u> 위해, 그 무선 회사 측은 출퇴근 시간대 라디오 방송에서 1,200만 달
러의 공교육 캠페인을 시작했다.
① 진정시키다 ② 맞서다 ③ 계몽하다 ④ 동화시키다

76 Shakespeare의 희극은 많은 유사점을 공유하지만, 그것들은 또한 서로 <u>현저하게</u> 다르다.
① 부드럽게 ② 명백하게 ③ 근소하게 ④ 분간하기 어렵게

73 ② | 74 ② | 75 ① | 76 ②

77 밑줄 친 부분의 의미와 가장 가까운 것은? 24 지방직 9급

> Jane poured out the strong, dark tea and diluted it with milk.

① washed
② weakened
③ connected
④ fermented

78 밑줄 친 부분의 의미와 가장 가까운 것은? 23 국가직 9급

> Jane wanted to have a small wedding rather than a fancy one. Thus, she planned to invite her family and a few of her intimate friends to eat delicious food and have some pleasant moments.

① nosy
② close
③ outgoing
④ considerate

79 밑줄 친 부분의 의미와 가장 가까운 것은? 23 국가직 9급

> The incessant public curiosity and consumer demand due to the health benefits with lesser cost has increased the interest in functional foods.

① rapid
② constant
③ significant
④ intermittent

80

밑줄 친 부분의 의미와 가장 가까운 것은?

23 지방직 9급

> Further explanations on our project will be given in <u>subsequent</u> presentations.

① required   ② following

③ advanced   ④ supplementary

정답과 해석

77 Jane은 진한 흑차를 따르고 그것을 우유로 <u>희석시켰다</u>.
① 세척하다 ② 약화시키다 ③ 연결시키다 ④ 발효시키다

78 Jane은 화려한 결혼식보다는 작은 결혼식을 하고 싶었다. 그래서 그녀는 가족과 그녀의 <u>친한</u> 친구 몇 명을 초대해 맛있는 음식을 먹고 즐거운 시간을 보낼 계획을 세웠다.
① 참견하기 좋아하는 ② 친한 ③ 외향적인 ④ 사려 깊은

79 더 적은 비용으로 제공되는 건강상의 이점으로 인한 <u>끊임없는</u> 대중의 호기심과 소비자 수요가 기능성 식품에 대한 관심을 높여 왔다.
① 빠른 ② 끊임없는 ③ 중요한 ④ 간헐적인

80 우리의 프로젝트에 대한 추가적인 설명은 <u>차후의</u> 발표들에서 제공될 것이다.
① 필수의 ② 다음의 ③ 선진의 ④ 보충의

77 ② | 78 ② | 79 ② | 80 ②

81 밑줄 친 부분의 의미와 가장 가까운 것은?

> Folkways are customs that members of a group are expected to follow to show courtesy to others. For example, saying "excuse me" when you sneeze is an American folkway.

① charity   ② humility
③ boldness   ④ politeness

82 밑줄 친 부분의 의미와 가장 가까운 것은?

> Before the couple experienced parenthood, their four-bedroom house seemed unnecessarily extravagant.

① hidden   ② luxurious
③ empty   ④ solid

83 밑줄 친 부분의 의미와 가장 가까운 것은?

> School teachers have to be flexible to cope with different ability levels of the students.

① strong   ② adaptable
③ honest   ④ passionate

84

밑줄 친 부분의 의미와 가장 가까운 것은?

22 간호직 8급

> Perfect privacy is <u>attained</u> when we are completely inaccessible to others.

① rejected   ② achieved

③ imagined   ④ sacrificed

정답과 해석

81 풍속은 한 집단의 구성원들이 다른 사람들에게 <u>공손함</u>을 보이기 위해 따라야 하는 관습이다. 예를 들어, 재채기를 할 때 "실례합니다"라고 말하는 것은 미국의 풍속이다.
① 자선 ② 겸손 ③ 대담함 ④ 공손함

82 그 커플이 부모가 되기 전에는 침실 네 개짜리 집이 불필요하게 <u>사치스러워</u> 보였다.
① 숨겨진 ② 사치스러운 ③ 빈 ④ 견고한

83 학교 교사들은 학생들의 다양한 능력 수준에 대처하기 위해 <u>유연해야</u> 한다.
① 강한 ② 융통성 있는 ③ 정직한 ④ 열정적인

84 완벽한 프라이버시는 우리가 다른 사람에게 완전히 접근할 수 없을 때 <u>달성된다</u>.
① 거절된 ② 달성된 ③ 상상된 ④ 희생된

81 ④ | 82 ② | 83 ② | 84 ②

85   밑줄 친 부분의 의미와 가장 가까운 것은?   21 국가직 9급

> The influence of Jazz has been so <u>pervasive</u> that most popular music owes its stylistic roots to jazz.

① deceptive   ② ubiquitous
③ persuasive   ④ disastrous

86   밑줄 친 부분의 의미와 가장 가까운 것은?   20 국가직 9급

> Extensive lists of microwave oven models and styles along with <u>candid</u> customer reviews and price ranges are available at appliance comparison websites.

① frank   ② logical
③ implicit   ④ passionate

87   밑줄 친 부분의 의미와 가장 가까운 것은?   20 지방직 9급

> Strategies that a writer adopts during the writing process may <u>alleviate</u> the difficulty of attentional overload.

① complement   ② accelerate
③ calculate   ④ relieve

88

밑줄 친 부분의 의미와 가장 가까운 것은?

20 소방직 9급

> The rapid spread of fire and the smoke rising from the balcony made a terrible reminder of the Lacrosse building fire in Melbourne in 2014. It also reminds us of the Grenfell Tower inferno in London. This catastrophe took the lives of 72 people and <u>devastated</u> the lives of more people.

① derived　　　　　　② deployed

③ deviated　　　　　　④ destroyed

정답과 해석

85　재즈의 영향은 매우 만연해서 대중음악 대부분이 재즈에 그 양식의 뿌리를 두고 있다.
① 기만적인 ② 어디에나 있는 ③ 설득력 있는 ④ 처참한

86　전자레인지 모델 및 스타일의 광범위한 목록과 솔직한 고객 리뷰 및 가격 범위는 가전제품 비교 웹 사이트에서 확인할 수 있다.
① 솔직한 ② 논리적인 ③ 함축적인, 암시된 ④ 열정적인

87　글쓰기 과정에서 작가가 채택하는 전략은 주의력 과부하의 어려움을 완화시킬 수 있다.
① 보충하다 ② 가속화하다 ③ 계산하다 ④ 완화시키다, 덜다

88　화재의 빠른 확산과 발코니에서 피어오르는 연기는 2014년 멜버른에서 일어난 Lacrosse 빌딩 화재를 끔찍하게 상기시켰다. 그것은 또한 우리에게 런던의 Grenfell Tower 대화재를 떠올리게 한다. 이 재앙은 72명의 목숨을 앗아갔고 더 많은 사람들의 삶을 파괴했다.
① 끌어내다 ② 배치하다 ③ 벗어나다 ④ 파괴하다

85 ② | 86 ① | 87 ④ | 88 ④

89 밑줄 친 부분의 의미와 가장 가까운 것은?   19 국가직 9급

> Schooling is compulsory for all children in the United States, but the age range for which school attendance is required varies from state to state.

① complementary   ② systematic
③ mandatory   ④ innovative

90 밑줄 친 부분의 의미와 가장 가까운 것은?   19 국가직 9급

> *Natural Gas World* subscribers will receive accurate and reliable key facts and figures about what is going on in the industry, so they are fully able to discern what concerns their business.

① distinguish   ② strengthen
③ undermine   ④ abandon

91 밑줄 친 부분의 의미와 가장 가까운 것은?   19 해경직 1차 (변형)

> She is a prominent figure in local politics.

① indifferent   ② sociable
③ renowned   ④ abnormal

92 밑줄 친 부분의 의미와 가장 가까운 것은? 17 국가직 9급 추가채용 (변형)

> A hamburger and French fries became the representative American meal in the 1950s, thanks to the promotional efforts of the fast food chains.

① healthiest   ② affordable

③ typical   ④ informal

정답과 해석

89   미국의 모든 아이들에게 학교 교육은 <u>의무적이지만</u>, 학교 출석이 요구되는 연령대는 주마다 다르다.
① 보충하는 ② 체계적인 ③ 명령의, 의무적인 ④ 혁신적인

90   <Natural Gas World> 구독자들은 그 업계에서 일어나고 있는 일에 대한 정확하고 믿을 만한 핵심 사실과 수치를 받을 것이므로, 그들의 사업과 관련된 것을 완전히 <u>식별할</u> 수 있다.
① 식별하다 ② 강화하다 ③ 약화시키다 ④ 버리다

91   그녀는 지역 정치에서 <u>유명한</u> 인물이다.
① 무관심한 ② 사교적인 ③ 유명한 ④ 비정상적인

92   햄버거와 감자튀김은 패스트푸드 체인점들의 홍보 노력 덕분에 1950년대에 <u>전형적인</u> 미국 식사가 되었다.
① 가장 건강에 좋은 ② (가격이) 적당한 ③ 전형적인 ④ 비공식의

89 ③ | 90 ① | 91 ③ | 92 ③

93 밑줄 친 부분의 의미와 가장 가까운 것은?   17 서울시 9급

> Prudence indeed will dictate that governments long established should not be changed for light and transient causes.

① transparent   ② momentary

③ memorable   ④ significant

94 밑줄 친 부분의 의미와 가장 가까운 것은?   17 경찰직 2차 (변형)

> The drugs they gave her only aggravated the pain.

① alluded   ② eliminated

③ worsened   ④ alleviated

95 밑줄 친 부분의 의미와 가장 가까운 것은?   16 경찰직 1차 (변형)

> Some witnesses are prone to exaggerate consistency and coherence of what they see.

① magnify   ② verify

③ nullify   ④ modify

96

밑줄 친 부분의 의미와 가장 가까운 것은?

> The dean's remarks made the point more obscure.

① precise   ② impending

③ unclear   ④ compact

정답과 해석

93 신중함은 확실히 오랫동안 수립된 정부가 가볍고 일시적인 이유로 바뀌어서는 안 된다고 지시할 것이다.
① 투명한 ② 순간적인, 잠깐의 ③ 기억할 만한 ④ 중요한

94 그들이 그녀에게 준 약은 고통을 악화시킬 뿐이었다.
① 암시하다 ② 없애다 ③ 악화시키다 ④ 완화시키다

95 어떤 증인들은 그들이 보는 것의 일관성을 과장하기 쉽다.
① 과장하다 ② 입증하다 ③ 무효화하다 ④ 바꾸다

96 학장의 발언은 요점을 더욱 모호하게 만들었다.
① 정확한 ② 임박한 ③ 불확실한 ④ 소형의, 간결한

93 ② | 94 ③ | 95 ① | 96 ③

97 밑줄 친 부분의 의미와 가장 가까운 것은?　　　14 국가직 7급

> The metabolic machinery of the cell functions in a completely <u>analogous</u> fashion, with its own version of master plans, working blueprints, transfer agents, and all the rest.

① delicate
② weird
③ similar
④ novel

98 밑줄 친 부분의 의미와 가장 가까운 것은?　　　14 서울시 9급 (변형)

> The Polish coach admits he would love to <u>imitate</u> the Frenchman by taking charge of 1,000 matches at the same club.

① mimic
② comfort
③ announce
④ demonstrate

99 밑줄 친 부분의 의미와 가장 가까운 것은?　　　14 방재안전직 9급 (변형)

> All across the country, security will be <u>fortified</u> for the imminent elections.

① strengthened
② complemented
③ maintained
④ ignored

100 밑줄 친 부분의 의미와 가장 가까운 것은?

> A PC that is connected to the Internet via a cable modem is always vulnerable to a malicious hack attack whenever the PC is on.

① weak   ② strict

③ durable   ④ toxic

정답과 해석

97 세포의 대사 조직은 독자적인 기본 계획, 작업 청사진, 전달 매개체 및 기타 모든 것을 가지고서 완전히 <u>유사한</u> 방식으로 기능한다.
① 섬세한 ② 이상한 ③ 유사한 ④ 새로운

98 그 폴란드 감독은 같은 구단에서 1,000경기를 맡음으로써 그 프랑스인을 <u>모방하고</u> 싶다는 것을 시인한다.
① 모방하다 ② 위로하다 ③ 발표하다 ④ 증명하다

99 전국 각지에서, 임박한 선거를 위해 보안이 <u>강화될</u> 것이다.
① 강화된 ② 보충된 ③ 유지된 ④ 무시된

100 케이블 모뎀을 통해 인터넷에 연결된 PC는 PC가 켜져 있을 때마다 악의적인 해킹 공격에 항상 <u>취약하다.</u>
① 약한 ② 엄격한 ③ 내구성이 있는 ④ 유독성의

97 ③ | 98 ① | 99 ① | 100 ①

01 밑줄 친 부분에 들어갈 말로 가장 적절한 것은?

25 지방직 9급

> A: How many copies of the presentation materials do you think we'll need?
> B: 60 should be enough, but it's always good to have extras.
> A: True. Better safe than sorry. How many would you recommend then?
> B: Let's make it 75 just in case we have more attendees than expected like last time.
> A: Good idea. _____?
> B: Absolutely. We are going to have people asking for the presentation materials after the presentation.
> A: Sure, that way everyone can easily have it whenever needed.

① How early do we need to distribute the materials
② Should we also have a digital version for sharing
③ Will the materials be printed in color or black and white
④ Are there any specific materials we should avoid including

해석 A: 발표 자료는 몇 부 정도 필요할 것 같나요?
B: 60부면 충분하겠지만, 언제나 여분이 있는 게 좋죠.
A: 맞아요. 후회하는 것보다 조심하는 것이 낫죠. 그럼 몇 부 정도를 추천하시나요?
B: 지난번처럼 참석자가 예상보다 많을 경우를 대비해서 75부로 하죠.
A: 좋은 생각이에요. 공유를 위한 디지털 버전도 있어야 할까요?
B: 물론이죠. 발표가 끝난 후에 발표 자료를 요청하는 사람들이 있을 거예요.
A: 네, 그렇게 하면 모두가 필요할 때마다 그것을 쉽게 얻을 수 있겠네요.

① 자료는 얼마나 일찍 배포해야 하나요
② 공유를 위한 디지털 버전도 있어야 할까요
③ 자료가 컬러로 인쇄되나요, 아니면 흑백으로 인쇄되나요
④ 우리가 포함하지 말아야 할 특정 자료가 있나요

정답 ②

A: Aren't you going to have lunch?

B: No, I'm not hungry. I'd rather read my book. I'm reading *The Lucky club*.

A: *The Lucky club*? What's it about?

B: Well, it's about a group of Korean women who live in Los Angeles. The main character is a woman born in America whose mother came from Korea.

A: It sounds interesting. Who's it by?

B: _____.

A: She wrote *The Heroine Generation*, too, didn't she?

B: No, that was written by May Lee.

A: Oh, I see.

① I have already read it
② Lin Lee is the author
③ It originally belongs to me
④ She is one of my relatives in Korea

....

해석

A: 점심 먹으러 안 가세요?

B: 네, 배가 안 고파서요. 차라리 책을 읽을래요. 전 <The Lucky club>을 읽고 있어요.

A: <The Lucky club>이요? 어떤 내용이에요?

B: 음, 로스앤젤레스에 사는 한국 여성 무리에 관한 거예요. 주인공은 한국 출신 어머니를 둔, 미국에서 태어난 여성이에요.

A: 재미있겠네요. 누가 쓴 책이에요?

B: Lin Lee가 작가예요.

A: 그녀가 <The Heroine Generation>도 썼죠?

B: 아니요, 그건 May Lee가 썼어요.

A: 아, 그렇군요.

① 그건 이미 읽었어요
② Lin Lee가 작가예요
③ 원래 그건 제 거예요
④ 그녀는 한국에 계시는 제 친척 중 한 분이에요

정답 ②

03 밑줄 친 부분에 들어갈 말로 가장 적절한 것은? 25 예시문제 1차

> A: Hello. I'd like to book a flight from Seoul to Oakland.
> B: Okay. Do you have any specific dates in mind?
> A: Yes. I am planning to leave on May 2nd and return on May 14th.
> B: Okay, I found one that fits your schedule. What class would you like to book?
> A: Economy class is good enough for me.
> B: Any preference on your seating?
> A: _____
> B: Great. Your flight is now booked.

① Yes. I'd like to upgrade to business class.
② No. I'd like to buy a one-way ticket.
③ No. I don't have any luggage.
④ Yes. I want an aisle seat.

해석

A: 안녕하세요. 서울에서 오클랜드로 가는 항공편을 예약하고 싶습니다.
B: 알겠습니다. 염두에 두고 계신 특정 날짜가 있으신가요?
A: 네. 5월 2일에 출발해서 5월 14일에 돌아올 계획입니다.
B: 알겠습니다, 고객님 일정에 맞는 항공편을 하나 찾았습니다. 어떤 좌석 등급으로 예약하시겠어요?
A: 이코노미석이면 됩니다.
B: 선호하시는 자리가 있으신가요?
A: 네. 통로 쪽 자리를 원합니다.
B: 좋습니다. 고객님의 항공편이 지금 예약되었습니다.

① 네. 비즈니스석으로 업그레이드하고 싶습니다.
② 아니오. 편도권으로 하겠습니다.
③ 아니오. 짐은 없습니다.
④ 네. 통로 쪽 자리를 원합니다.

정답 ④

A: What do you think of this bicycle?

B: Wow, it looks very nice! Did you just get it?

A: No, this is a shared bike. The city launched a bike sharing service.

B: Really? How does it work? I mean, how do I use that service?

A: It's easy. _____.

B: It doesn't sound complicated. Maybe I'll try it this weekend.

A: By the way, it's an electric bicycle.

B: Yes, I can tell. It looks cool.

① You can save energy because it's electric

② Just apply for a permit to park your own bike

③ Just download the bike sharing app and pay online

④ You must wear a helmet at all times for your safety

해석

A: 이 자전거 어떻게 생각해?

B: 와, 정말 멋져 보이는데! 방금 산 거야?

A: 아니, 이건 공유 자전거야. 시에서 자전거 공유 서비스를 시작했어.

B: 정말? 어떻게 작동해? 그러니까, 그 서비스를 어떻게 이용하지?

A: 쉬워. 그냥 자전거 공유 앱을 다운로드하고 온라인으로 결제하면 돼.

B: 복잡하지 않은 것 같네. 이번 주말에 한번 시도해 봐야겠다.

A: 그나저나, 이거 전기 자전거야.

B: 응, 딱 보니 알겠어. 멋져 보여.

① 전기식이라 에너지를 절약할 수 있어

② 그냥 네 소유의 자전거 주차 허가증을 신청해

③ 그냥 자전거 공유 앱을 다운로드하고 온라인으로 결제하면 돼

④ 안전을 위해 항상 헬멧을 착용해야 해

정답 ③

05 밑줄 친 부분에 들어갈 말로 가장 적절한 것은?   24 지방직 9급

> A: Charles, I think we need more chairs for our upcoming event.
> B: Really? I thought we already had enough chairs.
> A: My manager told me that more than 350 people are coming.
> B: _____
> A: I agree. I am also a bit surprised.
> B: Looks like I'll have to order more then. Thanks.

① I wonder if the manager is going to attend the event.
② I thought more than 350 people would be coming.
③ That's actually not a large number.
④ That's a lot more than I expected.

....

해석   A: Charles, 다가오는 행사를 위한 의자가 더 필요한 것 같아요.
B: 정말요? 의자는 이미 충분한 줄 알았는데요.
A: 제 매니저가 350명 이상이 온다고 했어요.
B: 제가 예상한 것보다 훨씬 더 많네요.
A: 그러게요. 저도 조금 놀랐어요.
B: 그러면 더 주문해야 할 것 같네요. 고마워요.

① 그 매니저가 행사에 참석할지 궁금하네요.
② 350명 이상이 오는 줄 알았어요.
③ 사실 많은 인원은 아니네요.
④ 제가 예상한 것보다 훨씬 더 많네요.

정답 ④

A: Can I get the document you referred to at the meeting yesterday?

B: Sure. What's the title of the document?

A: I can't remember its title, but it was about the community festival.

B: Oh, I know what you're talking about.

A: Great. Can you send it to me via email?

B: I don't have it with me. Mr. Park is in charge of the project, so he should have it.

A: _____

B: Good luck. Hope you get the document you want.

① Can you check if he is in the office?
② Mr. Park has sent the email to you again.
③ Are you coming to the community festival?
④ Thank you for letting me know. I'll contact him.

해석 A: 어제 회의에서 언급하신 문서를 받을 수 있나요?

B: 네. 문서 제목이 뭔가요?

A: 제목은 기억나지 않지만, 주민 축제에 관한 것이었어요.

B: 아, 뭘 말씀하시는 건지 알겠어요.

A: 좋아요. 그것을 저에게 이메일로 보내주실 수 있나요?

B: 제가 가지고 있지 않네요. Park 씨가 그 프로젝트를 담당하고 있으니까, 그분이 가지고 있을 거예요.

A: 알려주셔서 감사합니다. 그에게 연락해 볼게요.

B: 행운을 빌어요. 원하시는 문서를 받으시길 바라요.

① 그가 사무실에 있는지 확인해 주실 수 있나요?
② Park 씨가 당신에게 다시 이메일을 보냈어요.
③ 당신은 주민 축제에 오시나요?
④ 알려주셔서 감사합니다. 그에게 연락해 볼게요.

정답 ④

07 밑줄 친 부분에 들어갈 말로 가장 적절한 것은? 24 국가직 9급

> A: Have you found your phone?
> B: Unfortunately, no. I'm still looking for it.
> A: Have you contacted the subway's lost and found office?
> B: _____.
> A: If I were you, I would do that first.
> B: Yeah, you are right. I'll check with the lost and found before buying a new phone.

① I went there to ask about the phone
② I stopped by the office this morning
③ I haven't done that yet, actually
④ I tried searching everywhere

....

해석

A: 휴대전화를 찾으셨나요?
B: 아쉽게도 못 찾았어요. 아직도 찾고 있어요.
A: 지하철 분실물 센터에 연락해 보셨나요?
B: 사실 아직 안 해봤어요.
A: 저라면 그걸 먼저 하겠어요.
B: 네, 맞아요. 새 휴대전화를 사기 전에 분실물 센터에 확인해 볼게요.

① 휴대전화에 관해 문의하러 그곳에 갔어요
② 오늘 아침에 사무실에 들렀어요
③ 사실 아직 안 해봤어요
④ 모든 곳을 다 찾아봤어요

정답 ③

08

밑줄 친 부분에 들어갈 말로 가장 적절한 것은?

A: Hello, can I ask you a question about the presentation next Tuesday?

B: Do you mean the presentation about promoting the volunteer program?

A: Yes. Where is the presentation going to be?

B: Let me check. It is room 201.

A: I see. Can I use my laptop in the room?

B: Sure. We have a PC in the room, but you can use yours if you want.

A: _____

B: We can meet in the room two hours before the presentation. Would that work for you?

A: Yes. Thank you very much!

① A computer technician was here an hour ago.

② When can I have a rehearsal for my presentation?

③ Should we recruit more volunteers for our program?

④ I don't feel comfortable leaving my laptop in the room.

해석

A: 안녕하세요, 다음 주 화요일에 있을 발표에 대한 질문을 해도 될까요?

B: 자원봉사 프로그램 홍보에 관한 발표를 말씀하시는 건가요?

A: 네. 발표를 어디서 하나요?

B: 확인해 볼게요. 201호실이네요.

A: 그렇군요. 강의실에서 제 노트북을 사용해도 되나요?

B: 네. 강의실에 컴퓨터가 있지만, 원하시면 당신 것을 사용하셔도 돼요.

A: 발표 예행연습은 언제 할 수 있을까요?

B: 저희는 발표 2시간 전에 강의실에서 만날 수 있어요. 괜찮으실까요?

A: 네. 정말 감사합니다!

① 컴퓨터 기술자가 한 시간 전에 여기에 왔어요.

② 발표 예행연습은 언제 할 수 있을까요?

③ 우리 프로그램을 위한 자원봉사자를 더 모집해야 할까요?

④ 제 노트북을 강의실에 두고 가기에 마음이 편치 않아요.

정답 ②

09 밑줄 친 부분에 들어갈 말로 가장 적절한 것은?　　　23 지방직 9급

A: Pardon me, but could you give me a hand, please?
B: _____
A: I'm trying to find the Personnel Department. I have an appointment at 10.
B: It's on the third floor.
A: How can I get up there?
B: Take the elevator around the corner.

① We have no idea how to handle this situation.
② Would you mind telling us who is in charge?
③ Yes. I could use some help around here.
④ Sure. Can I help you with anything?

해석

A: 실례합니다만, 저 좀 도와주실 수 있나요?
B: 물론이죠. 무엇을 도와드릴까요?
A: 인사과를 찾으려 하고 있어요. 10시에 약속이 있습니다.
B: 3층에 있어요.
A: 거기에 어떻게 올라가나요?
B: 모퉁이를 돌면 나오는 승강기를 타세요.

① 우리가 이 상황을 어떻게 처리해야 할지 모르겠네요.
② 담당자가 누구인지 말씀해 주실 수 있나요?
③ 네. 여기 도움이 좀 필요해요.
④ 물론이죠. 무엇을 도와드릴까요?

정답 ④

A: Thank you. We appreciate your order.

B: You are welcome. Could you send the goods by air freight? We need them fast.

A: Sure. We'll send them to your department right away.

B: Okay. I hope we can get the goods early next week.

A: If everything goes as planned, you'll get them by Monday.

B: Monday sounds good.

A: Please pay within 2 weeks. Air freight costs will be added on the invoice.

B: _____

A: I am afraid the free delivery service is no longer available.

① I see. When will we be getting the invoice from you?

② Our department may not be able to pay within two weeks.

③ Can we send the payment to your business account on Monday?

④ Wait a minute. I thought the delivery costs were at your expense.

해석

A: 감사합니다. 주문해 주셔서 고맙습니다.

B: 천만에요. 항공 화물로 상품을 보내 주실 수 있나요? 빨리 필요해서요.

A: 물론입니다. 바로 부서로 보내 드리겠습니다.

B: 알겠습니다. 다음 주 초에 상품을 받을 수 있으면 좋겠네요.

A: 모든 것이 일정대로 진행된다면, 월요일까지는 받으실 수 있을 겁니다.

B: 월요일 좋네요.

A: 2주 이내에 결제 부탁드립니다. 항공 화물 운송비는 송장에 추가될 것입니다.

B: 잠깐만요. 운송비는 그쪽에서 부담하시는 줄 알았는데요.

A: 죄송합니다만, 무료 운송 서비스는 더 이상 제공되지 않습니다.

① 알겠습니다. 언제 송장을 받을 수 있을까요?

② 저희 부서에서 2주 이내에 결제하지 못할 수도 있습니다.

③ 저희가 월요일에 법인 계좌로 결제 금액을 송금할 수 있을까요?

④ 잠깐만요. 운송비는 그쪽에서 부담하시는 줄 알았는데요.

정답 ④

11 밑줄 친 부분에 들어갈 말로 가장 적절한 것은?   23 지방직 9급

A: You were the last one who left the office, weren't you?

B: Yes. Is there any problem?

A: I found the office lights and air conditioners on this morning.

B: Really? Oh, no. Maybe I forgot to turn them off last night.

A: Probably they were on all night.

B: _____

① Don't worry. This machine is working fine.

② That's right. Everyone likes to work with you.

③ I'm sorry. I promise I'll be more careful from now on.

④ Too bad. You must be tired because you get off work too late.

해석   A: 당신이 마지막으로 퇴근했어요, 그렇죠?
B: 네. 무슨 문제가 있나요?
A: 오늘 아침에 사무실 조명과 에어컨이 켜져 있는 것을 발견했어요.
B: 정말요? 아, 이런. 아마 어젯밤에 끄는 것을 깜빡한 것 같아요.
A: 아마 밤새 켜져 있었을 거예요.
B: 죄송해요. 앞으로 더 조심하겠다고 약속드려요.

① 걱정하지 마세요. 이 기계는 잘 작동해요.
② 맞아요. 모두 당신과 함께 일하는 것을 좋아해요.
③ 죄송해요. 앞으로 더 조심하겠다고 약속드려요.
④ 안타깝네요. 당신은 너무 늦게 퇴근해서 피곤할 거예요.

정답 ③

12 밑줄 친 부분에 들어갈 말로 가장 적절한 것은?

> A: I'd like to go sightseeing downtown. Where do you think I should go?
>
> B: I strongly suggest you visit the national art gallery.
>
> A: Oh, that's a great idea. What else should I check out?
>
> B: _____
>
> A: I don't have time for that. I need to meet a client at three.
>
> B: Oh, I see. Why don't you visit the national park, then?
>
> A: That sounds good. Thank you!

① This is the map that your client needs. Here you go.

② A guided tour to the river park. It takes all afternoon.

③ You should check it out as soon as possible.

④ The checkout time is three o'clock.

해석

A: 시내 관광을 하고 싶어요. 제가 어디로 가야 한다고 생각하세요?
B: 국립 미술관을 방문하는 것을 강력히 추천해요.
A: 아, 좋은 생각이네요. 또 어떤 것을 봐야 하나요?
B: 강 공원으로 가는 가이드 투어요. 오후 내내 걸려요.
A: 저는 그럴 시간이 없어요. 3시에 고객을 만나야 하거든요.
B: 아, 그렇군요. 그러면 국립공원을 방문해 보는 건 어때요?
A: 좋네요. 감사합니다!

① 이게 당신 고객에게 필요한 지도예요. 여기 있어요.
② 강 공원으로 가는 가이드 투어요. 오후 내내 걸려요.
③ 가능한 한 빨리 그걸 봐보셔야 해요.
④ 체크아웃 시간은 3시입니다.

정답 ②

CHAPTER

2 생활영어

PART 2 이것만은 풀고 가자

13 밑줄 친 부분에 들어갈 말로 가장 적절한 것은?   22 국가직 9급

> A: Hi there. May I help you?
> B: Yes, I'm looking for a sweater.
> A: Well, this one is the latest style from the fall collection. What do you think?
> B: It's gorgeous. How much is it?
> A: Let me check the price for you. It's $120.
> B: _____.
> A: Then how about this sweater? It's from the last season, but it's on sale for $50.
> B: Perfect! Let me try it on.

① I also need a pair of pants to go with it
② That jacket is the perfect gift for me
③ It's a little out of my price range
④ We are open until 7 p.m. on Saturdays

해석

A: 안녕하세요. 도와드릴까요?

B: 네, 스웨터를 찾고 있어요.

A: 음, 이게 가을 컬렉션으로 나온 최신 스타일이에요. 어떠세요?

B: 멋져요. 얼마인가요?

A: 가격 확인해드릴게요. 120달러예요.

B: 제 가격대를 조금 벗어나네요.

A: 그럼 이 스웨터는 어떠세요? 지난 시즌에 나온 건데, 50달러로 할인 중이에요.

B: 완벽해요! 입어볼게요.

① 거기에 어울리는 바지 한 벌도 필요해요
② 그 재킷은 제게 완벽한 선물이에요
③ 제 가격대를 조금 벗어나네요
④ 토요일엔 오후 7시까지 영업합니다

정답 ③

A: Did you have a nice weekend?

B: Yes, it was pretty good. We went to the movies.

A: Oh! What did you see?

B: *Interstellar*. It was really good.

A: Really? _____

B: The special effects. They were fantastic. I wouldn't mind seeing it again.

① What did you like the most about it?

② What's your favorite movie genre?

③ Was the film promoted internationally?

④ Was the movie very costly?

해석

A: 주말 잘 보냈어?

B: 응, 꽤 괜찮았어. 우리 영화 보러 갔었어.

A: 오! 뭐 봤는데?

B: <Interstellar>. 정말 좋았어.

A: 정말? 어떤 점이 가장 좋았어?

B: 특수 효과야. 그건 환상적이었어. 다시 봐도 괜찮을 것 같아.

① 어떤 점이 가장 좋았어?

② 네가 가장 좋아하는 영화 장르가 뭐야?

③ 그 영화가 국제적으로 홍보되었어?

④ 그 영화가 매우 비쌌어?

정답 ①

15 밑줄 친 부분에 들어갈 말로 가장 적절한 것은? 21 국가직 9급

> A: Were you here last night?
>
> B: Yes. I worked the closing shift. Why?
>
> A: The kitchen was a mess this morning. There was food spattered on the stove, and the ice trays were not in the freezer.
>
> B: I guess I forgot to go over the cleaning checklist.
>
> A: You know how important a clean kitchen is.
>
> B: I'm sorry. _____

① I won't let it happen again.

② Would you like your bill now?

③ That's why I forgot it yesterday.

④ I'll make sure you get the right order.

해석

A: 어젯밤에 여기 있었나요?

B: 네. 제가 마감 근무를 했어요. 왜 그러시나요?

A: 오늘 아침 주방이 엉망이었어요. 음식이 레인지 위에 튀어 있었고, 얼음 트레이가 냉동실 안에 있지 않았어요.

B: 제가 청소 체크리스트를 점검하는 걸 잊었나 봐요.

A: 깨끗한 주방이 얼마나 중요한지 알잖아요.

B: 죄송합니다. 다시는 그런 일 없도록 하겠습니다.

① 다시는 그런 일 없도록 하겠습니다.

② 지금 계산해 드릴까요?

③ 그래서 제가 어제 그걸 잊은 거예요.

④ 제대로 된 주문을 받으시도록 하겠습니다.

정답 ①

밑줄 친 부분에 들어갈 말로 가장 적절한 것은?

> A: Thank you for calling the Royal Point Hotel Reservations Department. My name is Sam. How may I help you?
> B: Hello, I'd like to book a room.
> A: We offer two room types: the deluxe room and the luxury suite.
> B: _____?
> A: For one, the suite is very large. In addition to a bedroom, it has a kitchen, living room and dining room.
> B: It sounds expensive.
> A: Well, it's $200 more per night.
> B: In that case, I'll go with the deluxe room.

① Do you need anything else
② May I have the room number
③ What's the difference between them
④ Are pets allowed in the rooms

해석

A: Royal Point 호텔 예약부에 전화 주셔서 감사합니다. 제 이름은 Sam입니다. 무엇을 도와드릴까요?
B: 안녕하세요, 방을 하나 예약하고 싶은데요.
A: 저희는 디럭스 룸과 럭셔리 스위트 룸 두 타입을 제공하고 있습니다.
B: 둘의 차이가 뭔가요?
A: 우선, 스위트 룸은 매우 넓습니다. 침실뿐만 아니라 부엌, 거실, 식당이 있습니다.
B: 비쌀 것 같은데요.
A: 음, 하룻밤에 200달러 더 듭니다.
B: 그렇다면, 디럭스 룸으로 갈게요.

① 더 필요한 거 있으신가요
② 방 번호를 알려주시겠어요
③ 둘의 차이가 뭔가요
④ 객실에 반려동물이 허용되나요

정답 ③

17 밑줄 친 부분에 들어갈 말로 가장 적절한 것은?   20 지방직 9급

> A: Oh, another one! So many junk emails!
> B: I know. I receive more than ten junk emails a day.
> A: Can we stop them from coming in?
> B: I don't think it's possible to block them completely.
> A: _____?
> B: Well, you can set up a filter on the settings.
> A: A filter?
> B: Yeah. The filter can weed out some of the spam emails.

① Do you write emails often
② Isn't there anything we can do
③ How did you make this great filter
④ Can you help me set up an email account

해석
A: 아, 또 하나! 스팸 메일이 너무 많아!
B: 알아. 나는 하루에 스팸 메일을 10개 이상 받아.
A: 그게 들어오는 걸 막을 수 있을까?
B: 완전히 막을 수는 없을 것 같아.
A: 우리가 할 수 있는 게 없을까?
B: 음, 설정에서 필터를 설정할 수 있어.
A: 필터?
B: 응. 그 필터는 스팸 메일 중 일부를 걸러낼 수 있어.

① 이메일 자주 쓰니
② 우리가 할 수 있는 게 없을까
③ 이 훌륭한 필터를 어떻게 만든 거야
④ 이메일 계정 개설하는 것 좀 도와줄래

정답 ②

밑줄 친 부분에 들어갈 말로 가장 적절한 것은?　　　　19 국가직 9급

> A: Would you like to try some dim sum?
>
> B: Yes, thank you. They look delicious. What's inside?
>
> A: These have pork and chopped vegetables, and those have shrimps.
>
> B: And, um, _____?
>
> A: You pick one up with your chopsticks like this and dip it into the sauce. It's easy.
>
> B: Okay. I'll give it a try.

① how much are they

② how do I eat them

③ how spicy are they

④ how do you cook them

....

해석

A: 딤섬 좀 드셔보실래요?

B: 네, 고마워요. 맛있어 보이네요. 안에 뭐가 들어있나요?

A: 이것들에는 돼지고기와 다진 채소가 들어있고, 저것들에는 새우가 들어있습니다.

B: 그리고 음, 그것들을 어떻게 먹나요?

A: 이렇게 젓가락으로 하나 집어서 소스에 찍으세요. 쉬워요.

B: 알겠어요. 먹어 볼게요.

① 그것들은 얼마인가요

② 그것들을 어떻게 먹나요

③ 그것들은 얼마나 맵나요

④ 당신은 그것들을 어떻게 요리하나요

정답 ②

19 밑줄 친 부분에 들어갈 말로 가장 적절한 것은?　18 지방직 9급

> A: My computer just shut down for no reason. I can't even turn it back on again.
> B: Did you try charging it? It might just be out of battery.
> A: Of course, I tried charging it.
> B: _____
> A: I should do that, but I'm so lazy.

① I don't know how to fix your computer.
② Try visiting the nearest service center then.
③ Well, stop thinking about your problems and go to sleep.
④ My brother will try to fix your computer because he's a technician.

해석　　A: 내 컴퓨터가 이유 없이 그냥 꺼졌어. 심지어 다시 켤 수도 없어.
B: 너 충전은 해봤어? 그냥 배터리가 다 된 걸지도 몰라.
A: 당연하지, 충전해 봤어.
B: 그럼 가장 가까운 서비스센터를 방문해 봐.
A: 그래야 하는데 내가 너무 게을러.

① 난 네 컴퓨터를 고치는 법을 몰라.
② 그럼 가장 가까운 서비스센터를 방문해 봐.
③ 음, 네 문제에 대해 그만 생각하고 자러 가.
④ 내 동생이 기술자니까 네 컴퓨터를 고치려 해줄 거야.

정답 ②

20 밑줄 친 부분에 들어갈 말로 가장 적절한 것은?

A: I just received a letter from one of my old high school buddies.

B: That's nice!

A: Well, actually it's been a long time since I heard from him.

B: To be honest, I've been out of touch with most of my old friends.

A: I know. It's really hard to maintain contact when people move around so much.

B: You're right. _____. But you're lucky to be back in touch with your buddy again.

① The days are getting longer
② People just drift apart
③ That's the funniest thing I've ever heard of
④ I start fuming whenever I hear his name

....

해석 A: 나 방금 예전 고등학교 친구 중 한 명한테서 편지 받았어.
B: 잘됐네!
A: 음, 사실 그에게서 소식을 들은 지 오래됐거든.
B: 솔직히 나는 옛날 친구들 대부분이랑 연락 끊겼어.
A: 그러게. 사람들이 너무 많이 이사 다니면 연락을 유지하기가 정말 어려워.
B: 네 말이 맞아. <u>사람들은 그냥 사이가 멀어져</u>. 하지만 넌 친구랑 다시 연락하게 되다니 운이 좋다.

① 낮이 점점 길어지고 있어
② 사람들은 그냥 사이가 멀어져
③ 그건 내가 들어본 것 중 가장 웃긴 얘기야
④ 난 그의 이름을 들을 때마다 화가 나기 시작해

정답 ②

21 밑줄 친 부분에 들어갈 말로 가장 적절한 것은?   17 국가직 9급

A: May I help you?

B: I bought this dress two days ago, but it's a bit big for me.

A: _____

B: Then I'd like to get a refund.

A: May I see your receipt, please?

B: Here you are.

---

① I'm sorry, but there's no smaller size.

② I feel like it fits you perfectly, though.

③ That dress sells really well in our store.

④ I'm sorry, but this purchase can't be refunded.

해석

A: 도와드릴까요?

B: 제가 이틀 전에 이 드레스를 샀는데, 저한테 약간 커서요.

A: 죄송합니다만, 더 작은 치수는 없습니다.

B: 그럼 환불받고 싶어요.

A: 영수증 좀 보여주시겠습니까?

B: 여기 있어요.

① 죄송합니다만, 더 작은 치수는 없습니다.

② 그래도 이것이 손님에게 완벽히 맞는 것 같습니다.

③ 그 드레스는 저희 매장에서 정말 잘 팔립니다.

④ 죄송합니다만, 이 구매품은 환불받으실 수 없습니다.

정답 ①

밑줄 친 부분에 들어갈 말로 가장 적절한 것은?

A: How do you like your new neighborhood?

B: It's great for the most part. I love the clean air and the green environment.

A: Sounds like a lovely place to live.

B: Yes, but it's not without its drawbacks.

A: Like what?

B: For one, it doesn't have many different stores. For example, there's only one supermarket, so food is very expensive.

A: _____

B: You're telling me. But thank goodness. The city is building a new shopping center now. Next year, we'll have more options.

① How many supermarkets are there?

② Are there a lot of places to shop there?

③ It looks like you have a problem.

④ I want to move to your neighborhood.

해석

A: 새 동네는 어때?

B: 대부분 훌륭해. 깨끗한 공기랑 녹지 환경이 마음에 들어.

A: 살기 좋은 곳으로 들리네.

B: 응, 근데 단점이 없는 건 아니야.

A: 예를 들면?

B: 우선, 다양한 가게가 많이 없어. 예를 들어, 슈퍼마켓이 하나뿐이라 식료품이 매우 비싸.

A: 문제가 있는 것 같네.

B: 내 말이. 그래도 다행이야. 시에서 지금 새로운 쇼핑센터를 짓는 중이거든. 내년에는 선택지가 더 많아질 거야.

① 슈퍼마켓이 몇 군데 있어?

② 거기 쇼핑할 곳이 많아?

③ 문제가 있는 것 같네.

④ 나 너희 동네로 이사 가고 싶어.

정답 ③

23 밑줄 친 부분에 들어갈 말로 가장 적절한 것은? 17 국가직 9급(추가채용)

> Mary: Hi, James. How's it going?
> James: Hello, Mary. What can I do for you today?
> Mary: How can I arrange for this package to be delivered?
> James: Why don't you talk to Bob in Customer Service?
> Mary: _____

① Sure. I will deliver this package for you.
② OK. Let me take care of Bob's customers.
③ I will see you at the Customs office.
④ I tried calling his number, but no one is answering.

....

해석

Mary: 안녕하세요, James. 어떻게 지내요?
James: 안녕하세요, Mary. 오늘은 뭘 도와드릴까요?
Mary: 이 소포를 보내려면 어떻게 해야 할까요?
James: 고객서비스센터의 Bob에게 말해보시는 게 어때요?
Mary: 그의 번호로 전화를 해봤는데 아무도 받지 않더라고요.

① 물론이죠. 당신을 위해 이 소포를 배달할게요.
② 알았어요. 제가 Bob의 고객들을 응대할게요.
③ 세관에서 뵐게요.
④ 그의 번호로 전화를 해봤는데 아무도 받지 않더라고요.

정답 ④

밑줄 친 부분에 들어갈 말로 가장 적절한 것은?

> A: I'd like to get a refund for this tablecloth I bought here yesterday.
> B: Is there a problem with the tablecloth?
> A: It doesn't fit our table and I would like to return it. Here is my receipt.
> B: I'm sorry, but this tablecloth was a final sale item, and it cannot be refunded.
> A: _____
> B: It's written at the bottom of the receipt.

① Nobody mentioned that to me.
② Where is the price tag?
③ What's the problem with it?
④ I got a good deal on it.

해석

A: 어제 여기서 산 이 식탁보를 환불받고 싶어요.
B: 식탁보에 문제가 있나요?
A: 우리 식탁에 안 맞아서 반품하고 싶어요. 여기 영수증입니다.
B: 최송하지만, 이 식탁보는 최종 판매 상품이었고 환불이 안 됩니다.
A: 아무도 제게 그런 말을 하지 않았어요.
B: 영수증 하단에 적혀 있습니다.

① 아무도 제게 그런 말을 하지 않았어요.
② 가격표가 어디 있나요?
③ 그것에 무슨 문제가 있나요?
④ 전 그걸 싸게 잘 샀어요.

정답 ①

25 밑줄 친 부분에 들어갈 말로 가장 적절한 것은?   14 지방직 9급

> A: Excuse me. I'm looking for Nambu Bus Terminal.
> B: Ah, it's right over there.
> A: Where? _____
> B: Okay. Just walk down the street, and then turn right
>   at the first intersection. The terminal's on your left.
>   You can't miss it.

① Could you be more specific?
② Do you think I am punctual?
③ Will you run right into it?
④ How long will it take from here by car?

....

해석   A: 실례합니다. 남부 버스 터미널을 찾고 있는데요.
       B: 아, 바로 저쪽에 있어요.
       A: 어디요? 좀 더 구체적으로 알려주실 수 있나요?
       B: 알겠어요. 그냥 이 길을 걸어가시다가 첫 번째 교차로에서 오른쪽으로 꺾으세요. 터미널
          은 왼쪽에 있어요. 바로 찾으실 거예요.

       ① 좀 더 구체적으로 알려주실 수 있나요?
       ② 제가 시간을 잘 지킨다고 생각하세요?
       ③ 거기로 바로 뛰어갈 건가요?
       ④ 여기서 차로 얼마나 걸릴까요?

정답 ①

> A: Look at this letter.
> B: Ah yes, I thought it was something official looking. You're being fined for exceeding the speed limit, it says. Why weren't you fined on the spot?
> A: _____.
> B: They're installing more and more of them around here. You're going to have to be more careful in future.
> A: You're not kidding. The fine is $60.

① Because the spot was too busy to be fined
② Because I could not find any camera to take it
③ Because I already paid for it when I was fined
④ Because I was photographed by one of speed cameras

해석

A: 이 편지 좀 봐.
B: 아 그래, 뭔가 공식적으로 보이는 것 같다곤 생각했는데. 네가 속도위반해서 벌금 내야 한다고 적혀 있네. 왜 그 자리에서 벌금을 물지 않았어?
A: 과속 단속 카메라 중 하나에 찍혔거든.
B: 이 근처에 그것들을 점점 더 많이 설치하고 있더라. 앞으로는 더 조심해야 할 거야.
A: 정말 그렇네. 벌금이 60달러나 돼.

① 그곳은 벌금을 물기엔 너무 번잡했거든
② 그걸 찍을 카메라를 찾을 수 없었거든
③ 벌금이 부과되었을 때 이미 냈거든
④ 과속 단속 카메라 중 하나에 찍혔거든

정답 ④

27 밑줄 친 부분에 들어갈 말로 가장 적절한 것은?   12 지방직 9급

> A: The first thing you should consider when buying a used car is the mileage.
> B: That's what I've heard. _____
> A: Yes. You should always look at the amount of rust it has.
> B: That's good to know.

① How can you tell if it is a used one?
② Do you know how long the engine will last?
③ How much mileage do I need?
④ Is there anything else I should watch out for?

해석

A: 중고차를 살 때 네가 가장 먼저 고려해야 하는 건 주행거리야.
B: 나도 그렇게 들었어. 내가 더 조심해야 하는 게 있어?
A: 응. 항상 차에 녹이 얼마나 있는지 봐야 해.
B: 그거 좋은 정보네.

① 그게 중고차인지 어떻게 알 수 있어?
② 엔진이 얼마나 오래 갈지 알아?
③ 주행거리가 얼마나 필요할까?
④ 내가 더 조심해야 하는 게 있어?

정답 ④

A: May I help you?

B: Yes, please. I'd like to get this prescription filled.

A: Please have a seat.

B: Thank you.

A: Ok, Mr. Lopez. Your medicine is ready.

B: How often should I take this?

A: You should take one pill twice a day.

B: Are there any side-effects?

A: _____

B: Thank you!

① Take this pill with plenty of water.

② These cough drops will help you.

③ Take it first thing in the morning.

④ It might make you sleepy, so no driving after taking it.

해석

A: 무엇을 도와드릴까요?

B: 네. 이 처방전으로 조제 받고 싶어요.

A: 앉으세요.

B: 감사합니다.

A: 네, Lopez 씨. 약이 준비되었어요.

B: 이걸 얼마나 자주 복용해야 하죠?

A: 하루에 한 알씩 두 번 드세요.

B: 부작용이 있을까요?

A: 졸릴 수 있으니 복용 후에는 <u>운전하지 마세요.</u>

B: 감사합니다!

① 이 약을 충분한 물과 함께 복용하세요.

② 이 기침약이 도움이 될 거예요.

③ 아침에 제일 먼저 복용하세요.

④ 졸릴 수 있으니 복용 후에는 운전하지 마세요.

정답 ④

29 밑줄 친 부분에 들어갈 말로 가장 적절한 것은?

18 지역인재 9급

> A: What are you looking at, Brian?
> B: Oh, hi, Rachel. This is a website about backpackers.
>   I'm planning to go on a trip this summer vacation.
> A: I see. Where are you going for your trip?
> B: I'm going to Jeju Island. I'm really excited because
>   it's my first time to go alone.
> A: Wow, _____.
> B: Right. I'm really looking forward to it.

① I'm glad you can make a website
② I'm sure you can't wait for your trip
③ you must have had a great time there
④ you need to choose a vacation place

해석
A: 뭐 보고 있어, Brian?
B: 오, 안녕, Rachel. 배낭 여행자에 대한 웹사이트야. 이번 여름방학 때 여행 갈 계획이거든.
A: 그렇구나. 여행은 어디로 가니?
B: 제주도 가. 혼자 가는 건 처음이라 정말 흥분돼.
A: 와, 정말 여행이 기다려지겠구나.
B: 맞아. 정말 고대하고 있어.

① 네가 웹사이트를 만들 수 있다니 기뻐
② 정말 여행이 기다려지겠구나
③ 너는 틀림없이 거기서 좋은 시간을 보냈을 거야
④ 너는 휴가지를 선택해야 해

정답 ②

밑줄 친 부분에 들어갈 말로 가장 적절한 것은?

> A: Finally, the long vacation begins tomorrow. What are your plans?
>
> B: I'm not sure. Maybe I'll go on a trip.
>
> A: Where do you want to go?
>
> B: That's a good question. Well, I'll just take a bus and go wherever it leads me to. Who knows? I may find a perfect place for my vacation.
>
> A: Yeah, trips are always refreshing. But I prefer to stay at home and do nothing.
>
> B: _____. Relaxing at home can recharge your energy.

① That's not a bad idea
② I prefer a domestic airline
③ You need to work at home too
④ My family leaves for Seoul tomorrow

....

해석

A: 드디어 내일 긴 휴가가 시작되네. 계획이 뭐야?
B: 잘 모르겠어. 아마 여행을 갈 거야.
A: 어디로 가고 싶어?
B: 좋은 질문이야. 글쎄, 그냥 버스를 타고 버스가 나를 데려다주는 곳으로 갈 거야. 누가 알아? 내 휴가에 딱 맞는 장소를 찾을지도 몰라.
A: 맞아, 여행은 항상 상쾌하지. 하지만 나는 집에 있으면서 아무것도 안 하는 걸 선호해.
B: <u>그거 나쁘지 않네</u>. 집에서 쉬는 것은 에너지를 재충전해 줄 수 있어.

① 그거 나쁘지 않네
② 난 국내 항공사를 선호해
③ 너도 집에서 일할 필요가 있어
④ 우리 가족은 내일 서울로 떠나

정답 ①

31 밑줄 친 부분에 들어갈 말로 가장 적절한 것은?   예상 문제

> A: It's personnel transfer season again. Isn't it your turn this time?
>
> B: Probably. I've been in my current position for over three years now.
>
> A: Speaking of which, _____
>
> B: I'd love to move to the cultural events division. I've always been interested in organizing local festivals.
>
> A: I used to work there. But I had to work even on weekends.
>
> B: Really? Then I guess I'll need to think about it again.

① how long have you been waiting for your transfer?

② when did you arrange the community events?

③ why are the festivals held on the weekends?

④ which department are you hoping to join?

....

해석

A: 다시 인사이동 시즌이네요. 이번에는 당신 차례 아니에요?

B: 아마도요. 제 현재 직책을 맡은 지 이제 3년이 넘었어요.

A: 말이 나와서 말인데, 어느 부서에 합류하고 싶어요?

B: 문화 행사 부서로 가고 싶어요. 항상 지역 축제를 조직하는 데 관심이 있었거든요.

A: 제가 그곳에서 일했었어요. 그런데 주말에도 일해야 했어요.

B: 정말요? 그럼 다시 한번 생각해 봐야겠네요.

① (인사) 이동을 얼마나 기다리셨나요?

② 언제 지역 사회 행사들을 준비하셨나요?

③ 왜 축제들이 주말에 열리나요?

④ 어느 부서에 합류하고 싶어요?

정답 ④

A: Do you think it's okay if I park here for a moment?

B: Hold on, isn't this a no-parking zone?

A: We'll only be gone for about an hour. It shouldn't be a big deal, right?

B: This area is very strict with parking rules. Plus, officers patrol here a lot.

A: _____

B: I heard they can fine you or even tow your car.

A: I see. I'd better not risk it, then.

① When can I park here?

② How much will the fine be?

③ What happens if I get caught?

④ How come the rules are so tight here?

해석
A: 여기 잠깐 주차해도 괜찮을까요?
B: 잠깐만요, 여기 주차 금지 구역 아닌가요?
A: 저희는 한 시간 정도만 가 있을 텐데요. 별문제는 안 될 것 같아요, 그렇죠?
B: 이 지역은 주차 규제가 매우 엄격해요. 게다가 경찰이 이곳을 자주 순찰해요.
A: 걸리면 어떻게 되나요?
B: 벌금을 부과하거나 차를 견인할 수도 있다고 들었어요.
A: 그렇군요. 그럼, 위험을 감수하지 않는 게 좋겠네요.

① 여기 주차는 언제 할 수 있나요?
② 벌금이 얼마일까요?
③ 걸리면 어떻게 되나요?
④ 어째서 여기는 규정이 그렇게 엄격한가요?

정답 ③

33 밑줄 친 부분에 들어갈 말로 가장 적절한 것은?　　　　　　　　　예상 문제

> A: Hi, I'm here to renew my passport.
> B: Hello. Please fill out these forms first and hand me the photos you brought.
> A: Here you go.
> B: Thank you. Could I also have your current passport?
> A: _____
> B: We need the current one to process the renewal. Would you like to come back later?
> A: Yes, what time do you close today?
> B: We're open until 6 p.m.
> A: I'll go get it and be back soon.

① I brought it with me just in case.

② I forgot to bring it. Is it necessary?

③ I lost it. I have no idea where it is.

④ How long does the processing take?

해석

A: 안녕하세요, 여권을 갱신하러 왔어요.
B: 안녕하세요. 먼저 이 양식을 작성하시고 가져오신 사진을 주세요.
A: 여기요.
B: 감사합니다. 기존 여권도 주시겠어요?
A: 가져오는 것을 깜빡했어요. 그게 필요한가요?
B: 갱신 절차를 진행하려면 기존 여권이 필요해요. 나중에 다시 오시겠어요?
A: 네, 오늘 몇 시에 문을 닫나요?
B: 저희는 오후 6시까지 운영해요.
A: 그럼 그것을 가지고 곧 다시 올게요.

① 혹시 몰라서 가져왔어요.
② 가져오는 것을 깜빡했어요. 그게 필요한가요?
③ 그것을 잃어버렸어요. 어디에 있는지 전혀 모르겠네요.
④ 처리하는 데 얼마나 걸리나요?

정답 ②

34 밑줄 친 부분에 들어갈 말로 가장 적절한 것은?

> A: I'm still figuring out where to hold the Student Debate Competition.
> B: Why don't you use one of the classrooms?
> A: _____. Classrooms just can't fit that many.
> B: Then the auditorium might be a better choice. There's plenty of space there.
> A: I wonder why I hadn't thought of that. I'll reserve it right away.

① Classrooms are already fully booked
② Over 50 people signed up for the debate
③ It looks like there's not much interest in it
④ There are only a few people registered so far

해석 A: 저는 아직 학생 토론 대회를 어디서 열지 고민 중이에요.
B: 교실 중 하나를 이용해 보는 건 어때요?
A: 그 토론회에 50명 넘게 등록했어요. 교실은 그렇게 많은 인원을 수용할 수 없어요.
B: 그렇다면 강당이 더 나은 선택일지도요. 그곳은 공간이 충분하거든요.
A: 왜 그 생각을 못 했는지 모르겠네요. 바로 예약해야겠어요.

① 교실은 이미 예약이 다 찼어요
② 그 토론회에 50명 넘게 등록했어요
③ 그것에 대한 관심이 별로 없는 것 같아요
④ 지금까지 등록한 사람은 몇 명 안 돼요

정답 ②

35 밑줄 친 부분에 들어갈 말로 가장 적절한 것은?

예상 문제

A: Hello, this is the Bright Health Center. How can I assist you today?

B: Hi, I remember seeing a public announcement for a quit-smoking program last year. Will you be offering it again this year?

A: We will, but the program might start a bit later than it did last year.

B: _____

A: The program's going to be longer this year, so we have more to prepare.

B: I see.

A: Once everything's ready, we'll post the program details and the registration form on our website.

---

① How many spots are available?

② Will the session be held online?

③ Is there any issue with the plan?

④ Is everyone eligible to apply for it?

··

해석

A: 안녕하세요, Bright 건강 센터입니다. 어떻게 도와드릴까요?

B: 안녕하세요, 작년에 금연 프로그램에 대한 공고를 본 것이 기억나는데요. 올해에도 다시 그 프로그램을 제공하실 예정인가요?

A: 네, 근데 프로그램이 작년보다 조금 늦게 시작될 수도 있습니다.

B: 계획에 문제가 있나요?

A: 올해는 프로그램이 더 길어질 예정이므로 준비해야 할 것이 더 많네요.

B: 그렇군요.

A: 모든 준비가 되면 프로그램 세부 정보와 등록 양식을 웹사이트에 게시할 예정입니다.

① 남은 자리는 얼마나 되나요?

② 세션이 온라인으로 진행될 예정인가요?

③ 계획에 문제가 있나요?

④ 누구나 신청할 수 있나요?

정답 ③

밑줄 친 부분에 들어갈 말로 가장 적절한 것은?

> A: What would you like to have for lunch today?
> B: I think I'll pass. My stomach has been bothering me for the past few days.
> A: That's too bad. Did you see a doctor?
> B: I've booked an appointment for tomorrow. Actually, could you possibly cover for me tomorrow while I'm away?
> A: _____, so just focus on seeing the doctor and getting better.

① I have a lot to do tomorrow
② You'd better finish your task first
③ I'll take care of anything you need
④ Let me recommend today's lunch to you

해석

A: 오늘 점심은 뭐 드시고 싶으세요?
B: 전 괜찮을 것 같아요. 지난 며칠 동안 배가 아파서요.
A: 그거 안타깝네요. 병원에 가보셨어요?
B: 내일 예약했어요. 저, 혹시 내일 제가 없는 동안 제 일을 대신 좀 맡아 주실 수 있을까요?
A: 당신이 필요한 일은 뭐든 맡아서 할 테니, 병원에 가서 낫는 데만 집중하세요.

① 저는 내일 할 일이 많으니
② 먼저 당신 일을 끝내는 게 좋을 테니
③ 당신이 필요한 일은 뭐든 맡아서 할 테니
④ 오늘 점심을 추천해 드릴 테니

정답 ③

37

밑줄 친 부분에 들어갈 말로 가장 적절한 것은?

예상 문제

> A: Hello! This is Global Horizons Training Institute. How can I help you today?
> B: Hi, I attended a workshop here last Friday, and I think I left my laptop behind.
> A: Oh, I see. Do you remember which hall the workshop took place in?
> B: We were in Sarang Hall for the English program.
> A: Let me check the lost and found list. Hmm, it looks like there's no laptop listed.
> B: Oh no, that's a big problem. Could you let me know if you find it later?
> A: Of course. _____
> B: My phone number is on the reservation form I submitted earlier, under the name 'Lana Kanes.'

① How would you like me to reach you?
② What time would you like to meet us?
③ Would you like to attend the workshop?
④ How long should I wait for you to contact us?

....

해석

A: 안녕하세요! Global Horizons 연수원입니다. 오늘 어떻게 도와드릴까요?
B: 안녕하세요, 지난 금요일에 여기서 워크숍에 참석했었는데, 제 노트북을 두고 온 것 같아요.
A: 아, 그렇군요. 그 워크숍이 어느 홀에서 열렸는지 기억하세요?
B: 우리는 영어 프로그램을 듣기 위해 사랑홀에 있었어요.
A: 분실물 목록을 확인해 보겠습니다. 음, 노트북은 목록에 없는 것 같아요.
B: 오 안돼, 정말 큰일이네요. 나중에 발견하시면 연락 주실 수 있나요?
A: 물론입니다. 어떻게 연락드리면 될까요?
B: 제 전화번호는 예전에 제출한 예약 양식에 'Lana Kanes'라는 이름 아래에 있어요.

① 어떻게 연락드리면 될까요?
② 저희를 몇 시에 만나고 싶으신가요?
③ 워크숍에 참여하시겠어요?
④ 얼마나 기다려야 연락을 받을 수 있을까요?

정답 ①

38

38 밑줄 친 부분에 들어갈 말로 가장 적절한 것은?

A: Do you know how to charge the company's electric vehicle?
B: Oh, do we have electric vehicles now?
A: You didn't hear? We switched all vehicles to electric ones two months ago.
B: I had no idea. _____
A: I heard it's because they're more environmentally friendly and more cost-effective than fuel vehicles.
B: So, they're good for both the planet and the budget.
A: Exactly. Anyway, I guess I'll have to find someone else who knows how to charge it.
B: Sorry I couldn't help!

① Why is it taking so long to charge?
② Where can I find a charging station?
③ What was the reason for the change?
④ How many vehicles are currently available?

해석

A: 회사 전기차를 어떻게 충전하는지 아세요?
B: 아, 전기차가 이제 있나요?
A: 못 들으셨어요? 두 달 전에 모든 차량을 전기차로 바꿨어요.
B: 몰랐어요. 변경한 이유가 무엇인가요?
A: 전기차가 연료 차보다 환경친화적이고, 비용 효율이 좋아서라고 들었어요.
B: 그럼 그것들은 지구와 예산 모두에 좋은 거군요.
A: 맞아요. 어쨌든, 충전하는 방법을 아는 다른 사람을 찾아봐야겠네요.
B: 도움이 못 돼서 죄송해요!

① 충전하는 데 왜 이렇게 시간이 오래 걸리나요?
② 충전소는 어디에서 찾을 수 있나요?
③ 변경한 이유가 무엇인가요?
④ 현재 이용 가능한 차량이 몇 대 있나요?

정답 ③

39 밑줄 친 부분에 들어갈 말로 가장 적절한 것은? 예상 문제

> A: The cost of living has been quite high lately, hasn't it?
> B: True. Even buying just a few ingredients feels like a burden.
> A: Then, how about visiting a traditional market? It typically sells products at affordable prices.
> B: Really? I've been there before, but they didn't seem much cheaper.
> A: If you pay with traditional market gift vouchers, you can save up to 10%.
> B: I see. _____
> A: I'll send you the website I used to purchase the vouchers. I saved a lot with them.
> B: Thanks for the information!

① How can I get to the market?
② Have you decided what to buy?
③ Do you know where to get those?
④ Which do you prefer, card or cash?

해석

A: 요즘 생활비가 꽤 많이 올랐어요, 그렇지 않나요?
B: 맞아요. 몇 가지 재료 사는 것조차 부담이 돼요.
A: 그럼 전통시장을 방문하는 건 어때요? 그곳은 보통 저렴한 가격으로 상품을 팔아요.
B: 정말요? 예전에 가본 적이 있는데 훨씬 더 싸 보이지는 않았어요.
A: 전통시장 상품권으로 결제하면 10%까지 절약할 수 있어요.
B: 그렇군요. 그것들을 어디서 구입할 수 있는지 아시나요?
A: 제가 상품권을 구입한 웹사이트를 보내줄게요. 저는 이것들로 많이 절약했어요.
B: 정보 감사해요!

① 시장에 어떻게 가나요?
② 어떤 걸 살지 결정하셨나요?
③ 그것들을 어디서 구입할 수 있는지 아시나요?
④ 어떤 게 더 좋으세요, 카드 아니면 현금이요?

정답 ③

밑줄 친 부분에 들어갈 말로 가장 적절한 것은?

> A: Hey, I got a job interview at Dawson Engineering!
> B: That's great news! When is it?
> A: This week. But there is a bit of a problem. I don't have the right outfit for it.
> B: Why don't you check out the Youth Support Center? I heard they lend out interview clothes.
> A: Really? I didn't know that. Is it expensive to borrow one?
> B: _____
> A: That would save me a lot of money. Thanks for the tip!

① Yes, but think of it as an investment for the future.
② Yes, their outfits are made of high-quality fabric.
③ No, the center stays open on weekends too.
④ No, the government covers all costs.

해석

A: 나 Dawson Engineering에서 면접이 잡혔어!
B: 좋은 소식이네! 언제야?
A: 이번 주. 근데 문제가 좀 있어. 면접에 적합한 복장이 없어.
B: 청년 지원 센터에 가보는 게 어때? 거기서 면접 옷을 빌려준다고 들었는데.
A: 정말? 몰랐네. 빌리는 데 비용이 많이 들어?
B: 아니, 정부가 모든 비용을 부담해.
A: 그럼 돈을 많이 아낄 수 있겠네. 조언 고마워!

① 응, 하지만 미래를 위한 투자라고 생각해 봐.
② 응, 그들의 의상은 고급 원단으로 만들어졌어.
③ 아니, 이 센터는 주말에도 계속 운영해.
④ 아니, 정부가 모든 비용을 부담해.

정답 ④

41 밑줄 친 부분에 들어갈 말로 가장 적절한 것은? 예상 문제

A: How's the New Year's party planning going?
B: There's still a lot to figure out, especially about food.
A: Is there an issue?
B: I want to make sure everyone enjoys the food, but I'm worried that some people might have dietary restrictions.
A: Wouldn't it help to check in advance?
B: Yeah, I'm just trying to figure out the easiest way to gather that information without making things too complicated.
A: _____
B: That's a great idea! I'll go ahead and create a response form.

---

① We could order food from a catering service.
② What if we include a survey in the invitation?
③ Let's check if everyone has responded to the mail.
④ How about eating less carbs and exercising after eating?

....

해석 A: 신년회 계획은 어떻게 진행되고 있나요?
B: 특히 음식과 관련해 아직 파악해야 할 것이 많아요.
A: 문제가 있나요?
B: 모두가 음식을 즐겼으면 좋겠는데, 식이 제한 사항이 있는 사람이 있을 것 같아 걱정이에요.
A: 미리 확인하면 도움이 되지 않을까요?
B: 네, 단지 일을 너무 복잡하게 만들지 않고 가장 쉽게 정보를 수집하는 방법을 찾으려 하고 있어요.
A: 초대장에 설문 조사를 포함하면 어때요?
B: 좋은 생각이네요! 제가 바로 응답 양식을 만들어 볼게요.

① 우리는 출장 연회 서비스에서 음식을 주문해도 돼요.
② 초대장에 설문 조사를 포함하면 어때요?
③ 모두 메일에 회신했는지 확인해 봅시다.
④ 탄수화물을 적게 먹고 식사 후에 운동하는 것은 어떨까요?

정답 ②

밑줄 친 부분에 들어갈 말로 가장 적절한 것은?

A: We have a last-minute change to the agenda for tomorrow's meeting.

B: Really? Do we need to redo the report then?

A: Yeah, so it seems like the meeting will have to be delayed.

B: How much extra time do you think we'll need?

A: Probably three more days. Can you contact the company to reschedule the meeting?

B: Sure, _____

A: Any day that works for them is fine, as long as it's more than three days from now.

① what topics do we need to adjust?

② why don't we meet ahead of schedule?

③ which date would be best for the meeting?

④ when were you informed of the agenda change?

해석

A: 내일 회의 안건에 막바지 변경이 있어요.
B: 정말요? 그럼 보고서를 다시 작성해야 하나요?
A: 네, 그래서 회의가 연기되어야 할 것 같네요.
B: 시간이 얼마나 더 필요할 것 같나요?
A: 아마 3일 정도 더요. 그 회사에 연락해서 회의 일정을 다시 잡아줄 수 있나요?
B: 그럼요, 회의에 가장 적합한 날짜는 며칠일까요?
A: 지금부터 3일 이후라면 그들이 가능한 날짜 언제든 괜찮아요.

① 우리가 조정해야 할 주제는 무엇인가요?
② 일정을 앞당겨서 만나는 건 어떤가요?
③ 회의에 가장 적합한 날짜는 며칠일까요?
④ 안건 변경에 대해 언제 통지받으셨나요?

정답 ③

43 밑줄 친 부분에 들어갈 말로 가장 적절한 것은?   예상 문제

> A: I went to the bookstore yesterday to look for Han Kang's books, but they were all sold out.
> B: The same happened with me. But I checked the library just in case, and it actually had a few of her books.
> A: Really? I should check out the library too, then.
> B: Just so you know, you can't extend the return date since her books are so popular.
> A: But I take my time with reading. What if I don't finish it by the due date?
> B: _____
> A: Oh, I really want to avoid that. I'll definitely try to finish it before the deadline.

① We can stop by the library together.
② Don't forget to return it on time.
③ Please report the damaged book.
④ You will be charged a late fee.

해석

A: 어제 Han Kang의 책을 찾으러 서점에 갔는데 모두 품절이었어.
B: 나도 마찬가지였어. 근데 혹시나 해서 도서관에 가봤더니 실제로 그녀의 책이 몇 권 있더라고.
A: 정말? 그럼 나도 도서관에 가봐야겠네.
B: 참고로 말하자면, 그녀의 책이 워낙 인기가 많아서 반납일을 연장할 수 없어.
A: 그렇지만 나는 책을 천천히 읽는데. 기한 날까지 다 읽지 못하면 어떻게 돼?
B: 연체료가 부과될 거야.
A: 아, 그런 일은 정말 피하고 싶네. 기한 전까지 꼭 다 읽도록 해봐야겠어.

① 우리 같이 도서관에 들러도 돼.
② 그것을 제때 반납하는 거 잊지 마.
③ 손상된 책을 신고해 주세요.
④ 연체료가 부과될 거야.

정답 ④

44 밑줄 친 부분에 들어갈 말로 가장 적절한 것은? 예상 문제

> A: Excuse me, I'm interested in job support programs. Can I still apply?
>
> B: All of the regular programs are full now, but we still have some spots left in our special program.
>
> A: I see. What's the difference between those two?
>
> B: The special one provides intensive interview coaching rather than basic job-seeking skills.
>
> A: Sounds great. How much does it cost to join the special program?
>
> B: _____.
>
> A: That's a relief. I don't have to worry about extra costs. Then I'll go ahead and register for that.
>
> B: Perfect.

① It is offered only on weekends
② It's the same as the regular one
③ The special program charges higher fees
④ An interview is required before you can join

해석

A: 실례합니다, 취업 지원 프로그램에 관심이 있는데요. 아직 신청할 수 있나요?
B: 정규 프로그램은 현재 모두 마감되었지만, 특별 프로그램에는 아직 약간의 자리가 남아 있어요.
A: 그렇군요. 그 두 개의 차이점은 무엇인가요?
B: 특별 프로그램은 기본적인 구직 기술보다는 집중 면접 지도를 제공합니다.
A: 좋아 보이네요. 특별 프로그램에 참여하는 비용은 얼마인가요?
B: 정규 프로그램과 동일합니다.
A: 그거 다행이군요. 추가 비용을 걱정하지 않아도 되겠어요. 그럼 바로 그것에 등록할게요.
B: 좋습니다.

① 그것은 주말에만 제공됩니다
② 정규 프로그램과 동일합니다
③ 특별 프로그램은 더 높은 비용이 듭니다
④ 참여하기 전에 면접이 필요합니다

정답 ②

45

밑줄 친 부분에 들어갈 말로 가장 적절한 것은?

25 지방직 9급

Yuna

Hi Jenny, I need your advice on buying a car.

10:30 am

Jenny

Hi, do you want to buy a car? What kind of car?

10:31 am

Yuna

Maybe a mid-sized sedan or an SUV.

10:32 am

Jenny

An SUV is more practical.

10:32 am

Yuna

SUVs are more expensive than sedans.

_____.

10:33 am

Jenny

One of my friends is a used car dealer. He can give you a good deal.

10:34 am

Yuna

Really? That would be nice.

10:34 am

Jenny

Do you want his number?

10:35 am

Yuna

Sure.

10:35 am

Jenny

Just one second.

10:35 am

Jenny

707-123-5678

10:36 am

Yuna

Thanks!

10:36 am

① I'm on a tight budget
② I need to get in shape
③ It should clear up soon
④ I can pick you up later

해석

Yuna: 안녕하세요 Jenny, 자동차 구매에 관한 당신의 조언이 필요해요.
Jenny: 안녕하세요, 자동차를 사고 싶으신가요? 어떤 종류의 차요?
Yuna: 아마 중형 세단이나 SUV요.
Jenny: SUV가 더 실용적이에요.
Yuna: SUV는 세단보다 더 비싸서요. 제가 예산이 빠듯해요.
Jenny: 제 친구 중 한 명이 중고차 딜러예요. 그가 좋은 거래를 해줄 수 있어요.
Yuna: 정말요? 그럼 좋겠네요.
Jenny: 그의 번호를 원하세요?
Yuna: 그럼요.
Jenny: 잠시만요.
Jenny: 707-123-5678이에요.
Yuna: 감사해요!

① 제가 예산이 빠듯해요
② 저는 몸매 관리가 필요해요
③ 곧 날씨가 갤 거예요
④ 제가 나중에 당신을 데리러 갈 수 있어요

정답 ①

46

밑줄 친 부분에 들어갈 말로 가장 적절한 것은?

25 국가직 9급

 Alex Brown

Hello. Do you remember we have a meeting with the city hall staff this afternoon?

10:10 am

Cathy Miller

Is it today? Isn't it tomorrow?

10:11 am

 Alex Brown

I'll check my calendar.

10:11 am

 Alex Brown

I'm sorry, I was mistaken. The meeting is at 2 pm tomorrow.

10:13 am

Cathy Miller

Yes, that's right.

10:13 am

 Alex Brown

You know we don't have to go to city hall for the meeting, right?

10:15 am

Cathy Miller

_____. It's sometimes more convenient.

10:16 am

Alex Brown

I agree. Please share the meeting URL. Also, could you send me the ID and password?

10:19 am

Cathy Miller

Sure, I'll share them via email and text.

10:19 am

① Yes, it's an online meeting

② Yes, be sure to reply to the email

③ No, I didn't receive your text message

④ No, I don't have another meeting today

해석

Alex Brown: 안녕하세요. 오늘 오후에 시청 직원들과 회의가 있는 거 기억하시나요?
Cathy Miller: 오늘인가요? 내일 아닌가요?
Alex Brown: 일정표를 확인해 볼게요.
Alex Brown: 죄송해요, 제가 착각했네요. 회의는 내일 오후 2시예요.
Cathy Miller: 네, 맞아요.
Alex Brown: 회의 때문에 시청에 갈 필요는 없는 거 아시죠?
Cathy Miller: 네, 온라인 회의예요. 그게 가끔은 더 편리해요.
Alex Brown: 동의해요. 회의 URL을 공유해 주세요. 그리고 아이디와 비밀번호도 제게 보내 주시겠어요?
Cathy Miller: 네, 이메일과 문자를 통해 그것들을 공유할게요.

① 네, 온라인 회의예요
② 네, 꼭 이메일에 회신하세요
③ 아니요, 당신의 문자 메시지를 못 받았어요
④ 아니요, 오늘 다른 회의는 없어요

정답 ①

47 밑줄 친 부분에 들어갈 말로 가장 적절한 것은?   25 예시문제 1차

Kate Anderson

Are you coming to the workshop next Friday?

10:42

Jim Henson

I'm not sure. I have a doctor's appointment that day.

10:42

Kate Anderson

You should come! The workshop is about A.I. tools that can improve our work efficiency.

10:43

Jim Henson

Wow, the topic sounds really interesting!

10:44

Kate Anderson

Exactly. But don't forget to reserve a seat if you want to attend the workshop.

10:45

Jim Henson

How do I do that?

10:45

Kate Anderson

_____

10:46

① You need to bring your own laptop.

② I already have a reservation.

③ Follow the instructions on the bulletin board.

④ You should call the doctor's office for an appointment.

해석

Kate Anderson: 다음 주 금요일 워크숍에 올 거예요?

Jim Henson: 잘 모르겠어요. 그날은 병원 예약이 있어요.

Kate Anderson: 와야 해요! 워크숍은 우리의 업무 효율성을 높일 수 있는 A.I. 도구에 대한 겁니다.

Jim Henson: 와, 주제가 정말 흥미로워 보이네요!

Kate Anderson: 맞아요. 하지만 워크숍에 참석하고 싶다면 자리를 예약하는 것을 잊지 마세요.

Jim Henson: 그건 어떻게 하면 돼요?

Kate Anderson: <u>게시판에 있는 지침을 따르세요.</u>

① 본인 노트북을 가져와야 해요.
② 저는 이미 예약이 되어 있어요.
③ 게시판에 있는 지침을 따르세요.
④ 예약을 위해서 병원에 전화해야 해요.

정답 ③

48 밑줄 친 부분에 들어갈 말로 가장 적절한 것은?   25 예시문제 2차

Tim Jones

Hi, I'm interested in renting one of your meeting rooms.

3:10 pm

Jane Baker

Thank you for your interest. We have several spaces available depending on the size of your meeting. We can accommodate groups of 5 to 20 people.

3:11 pm

Tim Jones

That sounds great. We need a room for 17, and the meeting is scheduled for next month.

3:13 pm

Jane Baker

_____

3:14 pm

Tim Jones

The meeting is going to be on Monday, July 15th. Do you have a meeting room available for that day?

3:15 pm

Jane Baker

Yes, we do. I can reserve the space for you and send you a confirmation email with all the details.

3:17 pm

① Could I have your contact information?

② Can you tell me the exact date of your meeting?

③ Do you need a beam projector or a copy machine?

④ How many people are going to attend the meeting?

해석

Tim Jones: 안녕하세요, 회의실 하나를 빌리고 싶어요.

Jane Baker: 관심 가져주셔서 감사합니다. 저희는 회의 규모에 따라 여러 공간을 이용할 수 있고요. 5명에서 20명의 그룹을 수용할 수 있습니다.

Tim Jones: 좋네요. 17명이 사용할 방이 필요하고, 회의는 다음 달에 예정되어 있어요.

Jane Baker: 정확한 회의 날짜를 알려주실 수 있나요?

Tim Jones: 회의는 7월 15일 월요일에 열릴 예정이에요. 그날 사용할 수 있는 회의실이 있나요?

Jane Baker: 네, 있습니다. 공간을 예약해 드리고 모든 세부 사항이 포함된 확인 이메일을 보내드릴 수 있습니다.

① 연락처를 알 수 있을까요?

② 정확한 회의 날짜를 알려주실 수 있나요?

③ 빔 프로젝터나 복사기가 필요하신가요?

④ 몇 분이 회의에 참석하시나요?

정답 ②

49 밑줄 친 부분에 들어갈 말로 가장 적절한 것은? 24 국가직 9급

Brian

Hi, can I get some information on your city tour?

11:21

Ace Tour

Thank you for contacting us. Do you have any specific questions?

11:22

Brian

_____

11:22

Ace Tour

It'll take you to all the major points of interest in the city.

11:23

Brian

How much is it?

11:24

Ace Tour

It's 50 dollars per person for a four-hour tour.

11:24

Brian

OK. Can I book four tickets for Friday afternoon?

11:25

Ace Tour

Certainly. I will send you the payment information shortly.

11:25

① How long is the tour?

② What does the city tour include?

③ Do you have a list of tour packages?

④ Can you recommend a good tour guide book?

Brian: 안녕하세요, 그곳의 도시 투어에 관한 정보 좀 얻을 수 있을까요?
Ace Tour: 연락해 주셔서 감사합니다. 구체적으로 궁금한 점이 있으신가요?
Brian: 그 도시 투어에 무엇이 포함되나요?
Ace Tour: 그것은 도시의 모든 주요 명소로 안내해 드립니다.
Brian: 얼마인가요?
Ace Tour: 4시간 투어에 1인당 50달러입니다.
Brian: 알겠습니다. 금요일 오후로 티켓 4장을 예약할 수 있나요?
Ace Tour: 물론입니다. 곧 결제 정보를 보내 드리겠습니다.

① 그 투어는 시간이 얼마나 걸리나요?
② 그 도시 투어에 무엇이 포함되나요?
③ 투어 패키지들의 목록이 있으신가요?
④ 좋은 투어 안내 책자를 추천해 주실 수 있나요?

정답 ②

50 밑줄 친 부분에 들어갈 말로 가장 적절한 것은?

예상 문제

 Dasha

Have you reviewed the candidates for the manager position?

15:00

John

Yes. I personally think James is a better candidate because of his experience at a disability center.

15:01

 Dasha

Don't you think his administrative skills might be insufficient?

15:01

John

I'll have to agree with you on that. What about Maria?

15:03

 Dasha

I'm not entirely sure about her either, as she doesn't have any direct experience in this field.

15:04

John

Then why don't we interview more applicants?

15:07

 Dasha

I think that'll be best. _____

15:07

John

Just make sure to highlight the abilities we're looking for in the new post.

15:08

① Job history doesn't matter this time.
② The interview went on for too long.
③ Let me post the job opening again.
④ I'll assess the applicants this time.

해석

Dasha: 매니저 직책을 위한 후보들을 검토해 보셨나요?

John: 네. 저는 개인적으로 James가 장애인 센터에서의 경험 때문에 더 좋은 후보자라고 생각해요.

Dasha: 그의 행정 능력이 부족할 수 있다고 생각하지는 않나요?

John: 그건 저도 동의해야겠네요. Maria는 어때요?

Dasha: 그녀는 이 분야에서 직접적인 경험이 없어서 전 그녀도 완전히 확신할 수 없어요.

John: 그럼 지원자들을 더 면접 보는 건 어때요?

Dasha: 그게 가장 나을 것 같네요. 구인 공고를 다시 올릴게요.

John: 새로운 게시물에서는 우리가 원하는 역량을 꼭 강조해 주세요.

① 이번에는 경력이 중요하지 않아요.
② 면접이 너무 길어졌어요.
③ 구인 공고를 다시 올릴게요.
④ 이번에는 지원자들을 제가 평가해 보도록 할게요.

정답 ③

51 밑줄 친 부분에 들어갈 말로 가장 적절한 것은? 예상 문제

 Sophie

Hello. I'd like to order t-shirts with our agency's logo printed.

16:41

Ben's Design

Do you have a specific design in mind?

16:41

 Sophie

We're exploring several options, but I'm not sure about the size of the print yet. _____ _____

16:43

Ben's Design

The larger the design, the higher the cost due to increased print coverage. But if you only use one or two colors in your logo, it should stay affordable.

16:44

 Sophie

Okay. Can I get back to you once I go over the size options?

16:46

Ben's Design

Sure! I'll send you the detailed pricing information. Please don't hesitate to contact me if you have any questions.

16:46

① Does the size affect the price much?

② Could you recommend a logo design for us?

③ Do you have any discounts for large orders?

④ Can you suggest a size that would work well?

....

해석   Sophie: 안녕하세요. 우리 기관의 로고가 인쇄된 티셔츠를 주문하고 싶습니다.
Ben's Design: 구체적인 디자인을 생각해 보셨나요?
Sophie: 여러 가지 옵션을 고려하고 있지만, 아직 인쇄 크기는 확실하지 않아요. 크기가 가격에 많이 영향을 미치나요?
Ben's Design: 디자인이 커질수록 인쇄 범위가 넓어져서 비용이 더 많이 듭니다. 그래도 로고에 한두 가지 색상만을 사용하시면 가격을 저렴하게 유지할 수 있을 거예요.
Sophie: 알겠습니다. 크기 옵션들을 검토한 후에 다시 연락드려도 될까요?
Ben's Design: 그럼요! 자세한 가격 정보를 보내드리겠습니다. 궁금한 점이 있으면 언제든지 연락 주세요.

① 크기가 가격에 많이 영향을 미치나요?
② 로고 디자인을 추천해 주실 수 있나요?
③ 대량 주문 시 할인이 있나요?
④ 잘 어울리는 크기를 제안해 주시겠어요?

정답 ①

52 밑줄 친 부분에 들어갈 말로 가장 적절한 것은?   예상 문제

Jane

Hello, I've just found an injured cat in my neighborhood.

17:06

FurEver Safe

What's the cat's condition?

17:07

Jane

It can't walk. I think its leg might be broken.

17:08

FurEver Safe

We'll dispatch a rescue team immediately. Could you please share your exact location?

17:08

Jane

_____

17:09

FurEver Safe

Thank you. We'll be there as soon as possible to help the cat.

17:09

① I can take a picture of the cat.

② I'm not sure where I am right now.

③ I'm wondering when the team will arrive.

④ I'm by the city library, near the entrance.

Jane: 안녕하세요, 방금 동네에서 다친 고양이를 발견했어요.

FurEver Safe: 고양이 상태는 어떤가요?

Jane: 걷지 못하네요. 다리가 부러진 것 같아요.

FurEver Safe: 즉시 구조팀을 보내겠습니다. 정확한 위치를 알려주실 수 있나요?

Jane: <u>시립 도서관 입구 근처에 있어요.</u>

FurEver Safe: 감사합니다. 최대한 빨리 고양이를 도우러 가겠습니다.

① 제가 그 고양이 사진을 찍을 수 있어요.

② 지금 제가 어디에 있는지 잘 모르겠어요.

③ 언제 팀이 도착할지 궁금해요.

④ 시립 도서관 입구 근처에 있어요.

정답 ④

53 밑줄 친 부분에 들어갈 말로 가장 적절한 것은?   예상 문제

Sutton Post Office

Hello, this is the Sutton Post Office. When would be a convenient time for you to receive the concert tickets?

15:03

Jonathan

I'm usually not home on weekdays. Would it be possible to leave them in the mailbox?

15:05

Sutton Post Office

I'm afraid they need to be signed for in person.

15:08

Jonathan

Then, _____

15:08

Sutton Post Office

Sure, I'll send you the link to update the address in the system.

15:09

Jonathan

Thank you.

15:11

① is going to the post office the best way?

② do you think the concert will be delayed?

③ would it be possible to refund the tickets?

④ could you deliver them to my office instead?

Sutton Post Office: 안녕하세요, Sutton 우체국입니다. 콘서트 티켓을 받기 편하신 시간은 언제인가요?

Jonathan: 제가 평일에는 보통 집에 없어서요. 우편함에 놓고 가주실 수 있나요?

Sutton Post Office: 죄송하지만, 그것은 직접 (수령) 서명이 필요합니다.

Jonathan: 그럼 대신 제 사무실로 배송해 주실 수 있나요?

Sutton Post Office: 네, 시스템에서 주소를 업데이트할 수 있는 링크를 보내드릴게요.

Jonathan: 감사합니다.

① 우체국을 방문하는 게 가장 좋은 방법인가요?
② 콘서트가 연기될 거라고 생각하시나요?
③ 티켓을 환불받을 수 있을까요?
④ 대신 제 사무실로 배송해 주실 수 있나요?

정답 ④

54 밑줄 친 부분에 들어갈 말로 가장 적절한 것은? 예상 문제

Sam

Hi Ben, I suddenly came down with a fever and need to go to the hospital. I don't think I'll be able to come to work today.

08:30

Ben

Sorry to hear that. Hope you feel better soon. Since your project is finished, don't worry about work and just focus on resting.

08:33

Sam

Thanks, I will. Could you please approve and register my sick leave?

08:33

Ben

Of course. _____

08:34

Sam

Just today, please. Thank you.

08:34

① When did you start having a fever?

② What time are you coming to work?

③ Why don't you take over my duties?

④ How long will you need to take time off?

Sam: 안녕하세요 Ben, 제가 갑자기 열이 나서 병원에 가야겠어요. 오늘은 출근할 수 없을 것 같아요.

Ben: 유감이네요. 빨리 나으시길 바라요. 프로젝트가 끝났으니 업무는 걱정하지 마시고 그냥 쉬는 데 집중하세요.

Sam: 감사해요, 그럴게요. 혹시 병가를 승인하고 등록해 주실 수 있나요?

Ben: 물론이죠. 휴가를 얼마나 내셔야 하나요?

Sam: 오늘만이요. 감사합니다.

① 언제부터 열이 나셨어요?
② 몇 시에 출근하실 건가요?
③ 제 업무를 대신 맡아주시겠어요?
④ 휴가를 얼마나 내셔야 하나요?

정답 ④

55 밑줄 친 부분에 들어갈 말로 가장 적절한 것은? 예상 문제

 Sam

Emma, did you see how much snow we got?

18:30

Emma

Yeah, it's unbelievable. The whole street is covered.

18:31

 Sam

I think there's going to be a lot of traffic, so would you mind picking me up a little earlier today?

18:32

Emma

_____

18:33

 Sam

Maybe an hour earlier than usual.

18:33

Emma

No problem! I'd better get ready, then.

18:34

 Sam

Thanks! See you soon.

18:35

① When are you planning to give me a ride?

② Which transportation are you taking?

③ When will the traffic become heavy?

④ What time do you want to leave?

Sam: Emma, 눈이 얼마나 많이 왔는지 봤어?

Emma: 응, 믿기지 않아. 도로 전체가 덮였어.

Sam: 차가 많이 막힐 것 같은데, 오늘 좀 더 일찍 데리러 와줄 수 있어?

Emma: 몇 시에 출발하고 싶어?

Sam: 보통 때보다 1시간 정도 일찍.

Emma: 알겠어! 그럼 준비해야겠네.

Sam: 고마워! 곧 만나.

① 언제 날 태워다 줄 거야?

② 넌 어떤 교통수단을 이용하니?

③ 언제 교통이 혼잡해질까?

④ 몇 시에 출발하고 싶어?

56 밑줄 친 부분에 들어갈 말로 가장 적절한 것은?

예상 문제

 Joe

Our budget meeting with the department leaders is next Friday, right?

11:17

Paul

Yes, but I haven't finished the report for that meeting yet.

11:18

 Joe

I thought it had already been completed. Wasn't the deadline for the report yesterday?

11:18

Paul

Yes, but my manager asked me to revise it.

11:19

 Joe

I see. It should be shared with the attendees at least a week before. You'd better hurry.

11:19

Paul

I'm trying my best, but I could use some help actually. _____

11:20

 Joe

I will send them to you by email. I hope they will help you finish the report.

11:21

① Have you considered delaying the meeting?
② Should I get in touch with the attendees?
③ Do you have any reference materials?
④ Will you email the report to them?

해석

Joe: 우리 부서장들과의 예산 회의가 다음 주 금요일이죠?

Paul: 네, 그런데 아직 회의를 위한 보고서를 다 끝내지 못했어요.

Joe: 이미 완료된 줄 알았어요. 보고서 제출 마감일이 어제였지 않나요?

Paul: 네, 그런데 제 상사가 수정하라고 해서요.

Joe: 그렇군요. 보고서는 참석자들에게 최소한 일주일 전에 공유돼야 해요. 서두르는 게 좋겠어요.

Paul: 최선을 다하고는 있지만 실은 도움이 좀 필요해요. 혹시 참고할 만한 자료가 있나요?

Joe: 이메일로 보내드릴게요. 당신이 보고서를 끝내는 데 도움이 되었으면 좋겠네요.

① 회의를 연기하는 것에 대해 고려해 본 적이 있나요?
② 참석자들과 연락을 해야 하나요?
③ 혹시 참고할 만한 자료가 있나요?
④ 보고서를 그들에게 이메일로 보내실 건가요?

정답 ③

57 밑줄 친 부분에 들어갈 말로 가장 적절한 것은?   예상 문제

Terry

I have to step out for work right now, and I'll be away for a few hours.

10:10

Jim

What's the occasion?

10:11

Terry

The boss asked me to deliver the signed contract to the client across town in person, so I need to take it myself.

10:12

Jim

Okay. Just don't forget to submit the quarterly earnings report to the Finance team on time.

10:13

Terry

Thanks for reminding me. When is that due?

10:14

Jim

_____.

10:15

Terry

Got it. I'll be back around 3 pm, and I'll be able to finish it before then.

10:16

① They need it by the end of the day today

② The round trip will take about four hours

③ The report was written in the last fiscal year

④ It is due to the Finance team's budget approval

Terry: 저 지금 바로 업무 때문에 나가야 해서 몇 시간 동안 자리를 비울 거예요.

Jim: 무슨 일이에요?

Terry: 상사가 서명된 계약서를 시내 건너편의 고객사에 직접 전달하라고 요청하셔서, 제가 직접 가져다줘야 해요.

Jim: 알겠어요. 재무팀에 분기 수익 보고서를 제때 제출하는 걸 잊지만 마세요.

Terry: 상기시켜 주셔서 감사해요. 그거 마감이 언제죠?

Jim: 그들은 그것이 오늘 하루가 끝나기 전까지 필요해요.

Terry: 알겠습니다. 제가 오후 3시쯤 돌아올 거고, 그전에는 마무리 지을 수 있을 거예요.

① 그들은 그것이 오늘 하루가 끝나기 전까지 필요해요

② 왕복에 약 4시간 걸릴 거예요

③ 그 보고서는 지난 회계연도에 작성됐어요

④ 재무팀의 예산 승인 때문이에요

정답 ①

58 밑줄 친 부분에 들어갈 말로 가장 적절한 것은?   예상 문제

 Ethan Parker

I heard James was chosen to go to Shanghai for a business trip next month.

13:15

Chole Adams

Yes, the decision was made earlier this week.

13:16

 Ethan Parker

I thought Sarah was going this time. Any idea why James was selected?

13:17

Chole Adams

 _____ .

13:18

 Ethan Parker

So his experience with the region was the main reason.

13:19

Chole Adams

Exactly. Since the project's important, the manager preferred someone familiar with the environment.

13:20

① Sarah won't be available at that time

② It was the manager's decision to send him

③ There's so much to experience in Shanghai

④ He knows the local clients and has worked there before

해석

Ethan Parker: James가 다음 달에 상하이 출장을 가기로 선정되었다고 들었어.

Chole Adams: 응, 이번 주초에 결정됐어.

Ethan Parker: 이번엔 Sarah가 갈 줄 알았는데. 왜 James가 선정되었는지 알아?

Chole Adams: 그는 현지 고객들을 알고 있고 전에 거기서 근무한 적 있어.

Ethan Parker: 그러니까 그의 그 지역 경험이 큰 이유였구나.

Chole Adams: 맞아. 그 프로젝트가 중요해서 매니저는 (현지) 환경에 익숙한 사람을 선호했거든.

① Sarah는 그때 시간이 안 될 거야

② 그를 보내기로 한 건 매니저의 결정이었어

③ 상하이에는 경험할 게 정말 많아

④ 그는 현지 고객들을 알고 있고 전에 거기서 근무한 적 있어

정답 ④

59 밑줄 친 부분에 들어갈 말로 가장 적절한 것은? 예상 문제

 Alex

Hi, this is Alex in the main hall. There's a problem with the presentation scheduled for 3 p.m. today.

14:22

Reception

Hello! What's the problem? More than half of the guests have already arrived.

14:25

 Alex

The screen isn't working. I think the cable might be too old.

14:27

Reception

Understood. I'll send someone with a new cable right away. Do you need anything else?

14:29

 Alex

_____.

14:30

Reception

Sure. How many copies should we prepare?

14:32

 Alex

Around twenty should be enough.

14:34

Reception

We'll have them printed and delivered. Everything will be ready on time.

14:35

① We can also ask the guests to reschedule their visit

② Guests should be informed that we have a Q&A session

③ We had better have the materials in physical form as well

④ The network must remain stable for access to the materials

해석　Alex: 안녕하세요, 본관의 Alex입니다. 오늘 오후 3시에 예정된 발표 관련으로 문제가 있습니다.

Reception: 안녕하세요! 무슨 문제인가요? 손님들 절반 이상이 이미 도착했습니다.

Alex: 스크린이 작동하지 않아요. 제 생각엔 케이블이 너무 오래된 것 같네요.

Reception: 알겠습니다. 새 케이블을 가지고 있는 사람을 바로 보내겠습니다. 다른 것도 필요하신가요?

Alex: 자료를 물리적인 형태(종이)로도 준비하는 것이 좋겠습니다.

Reception: 물론입니다. 몇 부를 준비해야 할까요?

Alex: 20부 정도면 충분합니다.

Reception: 인쇄해서 전달해 드리겠습니다. 모든 게 제시간에 준비될 겁니다.

① 손님들에게 방문 일정을 다시 잡아달라고 요청할 수도 있습니다

② 손님들이 질의응답 시간이 있다는 것을 알아야 합니다

③ 자료를 물리적인 형태(종이)로도 준비하는 것이 좋겠습니다

④ 자료에 접속하려면 네트워크가 안정적으로 유지되어야 합니다

정답 ③

60 밑줄 친 부분에 들어갈 말로 가장 적절한 것은?

예상 문제

Brad Dalton

Hi, my race kit for the marathon was supposed to be delivered today, but it hasn't arrived.

03:12 pm

Road Runners Association

Let me check that for you. One moment, please.

03:14 pm

Road Runners Association

I don't see your name on the registration list.

03:16 pm

Brad Dalton

That can't be right. I'm sure I signed up.

03:17 pm

Road Runners Association

Did you complete the payment after registering?

03:18 pm

Brad Dalton

Oh, I must have forgotten. Is there any way I can still participate?

03:19 pm

Road Runners Association

_____.

03:20 pm

Brad Dalton

That's a shame. I really wanted to take part.

03:21 pm

Road Runners Association

If someone cancels, we'll let you know so you can join.

03:22 pm

① I'm afraid we're fully booked at the moment
② You can still enter if you complete the payment today
③ Sure, registration has been extended through next week
④ Sorry, the race has been rescheduled due to bad weather

해석

Brad Dalton: 안녕하세요, 제 마라톤 레이스 키트가 오늘 배송되기로 했는데 도착하지 않았어요.
Road Runners Association: 확인해 보겠습니다. 잠시만 기다려 주세요.
Road Runners Association: 등록 명단에 성함이 보이지 않네요.
Brad Dalton: 그럴 리가 없어요. 전 분명 등록했는데요.
Road Runners Association: 등록 후 결제를 완료하셨나요?
Brad Dalton: 아, 깜빡한 게 분명해요. 아직 참가할 방법이 있을까요?
Road Runners Association: 죄송하지만 지금은 예약이 모두 찼습니다.
Brad Dalton: 아쉽네요. 정말 참가하고 싶었거든요.
Road Runners Association: 누군가가 취소하면 참가하실 수 있게 알려드리겠습니다.

① 죄송하지만 지금은 예약이 모두 찼습니다
② 오늘 결제를 완료하시면 아직 참가하실 수 있습니다
③ 물론입니다, 등록 기간이 다음 주까지 연장되었습니다
④ 죄송합니다, 레이스는 악천후로 인해 일정이 변경되었습니다

정답 ①

01 밑줄 친 부분 중 어법상 옳지 않은 것은?

Sculptures in the city ① appear to have functioned as ritual symbols. The introduction of this kind of symbolism in ancient cultures ② represent a major shift in human mentality. It indicates ③ that people were beginning to interact with their world in different ways. In other parts of the Middle East, similar sculptures of women and animals found ④ during excavations of ancient cities show symbolic art was a common theme in the very first permanent settlements.

02 밑줄 친 부분 중 어법상 옳지 않은 것은?

Some very familiar animals, like the toad, frog, and salamander, ① are all amphibians. Amphibians are one of the most ② fascinated species in the world because of a range of habitats ③ in which they live, from tropical rainforests to dry deserts. Unfortunately, a great number of species ④ are facing the threat of extinction.

01

해설 (represent → represents) 주어는 단수 명사인 The introduction이므로 그에 수일치하여 단수 동사 represents를 써야 한다.

① appear는 수동태로 쓸 수 없는 완전자동사이며, 복수 주어인 Sculptures가 '나타나는' 것이므로 능동태로 쓰인 복수 동사 appear는 적절하다.

③ 동사 indicates의 목적어 역할을 하면서 뒤에 완전한 절을 이끄는 명사절 접속사 that은 적절하게 쓰였다.

④ 전치사 during 뒤에 명사구 excavations of ancient cities가 온 것은 적절하다.

해석 그 도시의 조각품은 의식의 상징으로 기능했던 것으로 보인다. 고대 문화에 이러한 종류의 상징주의가 도입된 것은 인간의 사고방식에 큰 변화가 있었음을 나타낸다. 그것은 사람들이 다른 방식으로 세상과 상호 작용하기 시작하고 있었음을 보여 준다. 중동의 다른 지역에서 고대 도시 발굴 중 발견된 유사한 여성과 동물 조각품은 상징 예술이 최초의 영구 정착지에서 공통적인 주제였음을 보여 준다.

어휘 sculpture 조각(품) function 기능을 하다, 작용하다 ritual 의식의 symbol 상징 introduction 도입 ancient 고대의 represent 나타내다 shift 변화 mentality 사고방식 indicate 나타내다, 보여 주다 interact with ~와 상호 작용을 하다 excavation 발굴 common 공통의 permanent 영구적인 settlement 정착(지)

02

해설 (fascinated → fascinating) fascinate는 '흥미를 끌다'라는 뜻의 감정타동사로, 수식 대상인 species가 '흥미를 느끼는' 것이 아니라 '흥미를 끄는' 것이므로 과거분사 fascinated는 현재분사 fascinating으로 고쳐야 한다.

① 문장의 주어는 복수 명사인 Some very familiar animals이므로 복수 동사 are는 적절하게 쓰였다.

③ which는 habitats를 선행사로 받고 있으며, '전치사 + 관계대명사' in which 뒤에 완전한 절이 오고 있는 것은 적절하다. 참고로 여기서 live는 1형식 자동사로 쓰였다.

④ a number of 뒤에는 '복수 명사 + 복수 동사'가 와야 하며, 타동사로 쓰인 face 뒤에 목적어 the threat of extinction이 있으므로 복수 능동태 are facing은 적절하게 쓰였다.

해석 두꺼비, 개구리, 도롱뇽과 같은 매우 친숙한 몇몇 동물들은 모두 양서류이다. 양서류는 열대 우림에서 건조한 사막에 이르기까지 그것들이 살고 있는 다양한 서식지 때문에 세계에서 가장 흥미로운 종들 중 하나이다. 안타깝게도, 많은 종이 멸종 위기에 직면해 있다.

어휘 familiar 친숙한 toad 두꺼비 salamander 도롱뇽 amphibian 양서류 a range of 다양한, 여러 종류의 habitat 서식지 tropical 열대(지방)의 face 직면하다 threat 위협 extinction 멸종

01 ② | 02 ②

03   밑줄 친 부분 중 어법상 옳지 않은 것은?

> The old man is portrayed throughout the work as an individual ① who struggles against defeat no matter how ② difficultly things get, refusing ③ to be beaten by an enemy or by nature. Even when it ④ becomes clear that his battle to bring home the fish is futile, he will not quit.

04   밑줄 친 부분 중 어법상 옳지 않은 것은?

> Many forms of prejudice ① are existed in society today. Not all forms of prejudice are obvious to the average person. "Benevolent prejudice" is a type of discrimination that often seems ② friendly. There ③ are no outward signs of anger, fear, or violence, but it is still an unjustified or incorrect attitude toward a person ④ based on his or her social group.

03 해설 (difficultly → difficult) 복합관계부사 however(no matter how)가 이끄는 절은 'however(no matter how) + 형용사/부사 + S + V'의 구조를 취하는데, 여기서 2형식 동사로 쓰인 get의 보어로 형용사가 와야 한다. 따라서 부사 difficultly는 형용사 difficult로 고쳐야 한다.

① an individual을 선행사로 받는 주격 관계대명사 who 뒤에 주어가 없는 불완전한 절이 오고 있는 것은 적절하다.

③ '~을 이기다, 패배시키다'를 뜻하는 타동사 beat 뒤에 목적어가 없고, 의미상 주어인 an individual이 적이나 자연에 의해 '패배당하길' 거부하는 것이므로 수동형으로 쓰인 to be beaten은 적절하다. 참고로, refuse는 to 부정사를 목적어로 취하는 동사이다.

④ when이 이끄는 시간 부사절에서는 현재시제가 미래시제를 대신하므로 becomes는 적절하다.

해석 작품 내내 노인은 아무리 상황이 어려워져도 패배에 맞서 싸우고, 적이나 자연에 지기를 거부하는 인물로 묘사된다. 집으로 물고기를 가져오기 위한 싸움이 헛된 일이라는 것이 분명해질 때에도 그는 그만두지 않을 것이다.

어휘 portray 묘사하다 struggle 싸우다 defeat 패배 futile 헛된 quit 그만두다

04 해설 (are existed → exist) exist는 수동태로 쓸 수 없는 완전자동사이다. 따라서 수동태 be p.p. 형태로 쓰인 are existed는 능동태인 exist로 고쳐야 한다.

② 2형식 동사로 쓰인 seem의 보어로 형용사 friendly는 적절히 쓰였다.

③ '~가 있다'라는 뜻의 유도부사 there이 쓰인 구문 there be는 동사 뒤의 명사에 수일치시키므로, 복수 명사 signs에 수일치한 복수 동사 are의 쓰임은 적절하다.

④ based on은 '~에 기반하여'라는 뜻의 분사형 전치사로 적절하게 쓰였다.

해석 오늘날 사회에는 많은 형태의 편견이 존재한다. 편견의 모든 형태들이 다 일반인에게 분명하게 드러나는 것은 아니다. "호의적인 편견"은 종종 친절해 보이는 차별의 한 유형이다. (이 편견에는) 분노, 공포 또는 폭력의 외형적 징후는 없지만, 그것은 여전히 그 또는 그녀의 사회 집단에 근거해 어떤 사람에 대해 정당하지 않거나 온당치 못한 태도이다.

어휘 prejudice 편견, 선입관 obvious 분명한 benevolent 호의적인 discrimination 차별 outward 외형의, 표면상의 unjustified 정당하지 않은 incorrect 온당치 못한

03 ② | 04 ①

05 밑줄 친 부분 중 어법상 옳지 않은 것은?

> Trees play a vital role in absorbing carbon dioxide in the atmosphere and ① reducing the effects of global warming. Unfortunately, however, ② because of the huge increase in CO2 emissions, trees can no longer absorb this gas ③ enough fast. According to a scientist, what is needed is an artificial tree capable of removing CO2 more ④ efficiently than its natural counterpart.

06 밑줄 친 부분 중 어법상 옳지 않은 것은?

> In the U.S., a movement ① calling agritourism is offering an alternative to crowded and depersonalized tourist destinations. Tourists ② are given the chance to observe firsthand ③ what life is like on working farms. While agritourism as an industry is a recent phenomenon, the concept of city dwellers seeking temporary relief in more peaceful surroundings ④ dates back to at least the 1800s.

05

해설 (enough fast → fast enough) 부사 enough는 형용사나 부사를 수식할 경우 후치 수식하므로 enough fast는 fast enough로 고쳐야 한다. 참고로, 형용사 enough가 명사를 수식할 경우 명사 앞뒤에 모두 올 수 있다.
① 등위접속사 and를 통해 전치사 in의 목적어로 동명사인 absorbing과 reducing이 병렬 연결되고 있는 것은 적절하다.
② 전치사 because of 뒤에 명사구 the huge increase ~ emissions가 있으므로 적절하게 쓰였다.
④ 부사 efficiently가 동명사 removing을 적절하게 수식하고 있다.

해석 나무는 대기 중 이산화탄소를 흡수하고 지구 온난화의 영향을 줄이는 데 중요한 역할을 한다. 하지만 안타깝게도, 이산화탄소 배출량의 큰 증가로 인해 나무는 더 이상 이 가스를 충분히 빠르게 흡수할 수 없다. 한 과학자에 따르면, 필요한 것은 자연 나무보다 더 효율적으로 이산화탄소를 제거할 수 있는 인공 나무이다.

어휘 play a role in ~에서 역할을 하다 vital 중요한 absorb 흡수하다 atmosphere 대기, 분위기 huge 거대한 emission 배출, 방출 artificial 인공적인 capable of RVing ~할 수 있는 counterpart 상응하는 것

06

해설 (calling → called) calling agritourism은 a movement를 수식하는 분사구인데, 움직임이 agritourism을 '부르는' 것이 아니라 agritourism이라고 '불리는' 것이므로 현재분사 calling을 수동의 과거분사 called로 고쳐야 한다. 5형식 동사로 쓰인 call은 수동태로 전환되어도 뒤에 명사가 오는 것에 유의해야 한다.
② 맥락상 주어인 관광객들이 기회를 '받는' 것이므로 수동태인 are given은 적절히 쓰였다. 참고로 4형식 동사로 쓰인 give는 수동태로 전환되어도 뒤에 직접목적어인 명사가 남아 있는 것에 유의해야 한다.
③ 의문대명사 what이 전치사 like의 목적어가 없는 불완전한 절을 이끌며 to observe의 목적어 역할을 하고 있는 것은 적절하다.
④ 주어가 단수 명사(the concept)이므로 단수 동사 dates back to는 적절하게 쓰였다.

해석 미국에서는 농촌 체험 여행이라는 움직임이 붐비고 개성이 사라진 관광지의 대안을 제시하고 있다. 관광객들은 농장에서의 생활이 어떤지 직접 관찰할 기회를 받는다. 산업으로서의 농촌 체험 여행은 최근의 현상이지만, 도시 거주자들이 더 평화로운 환경에서 일시적인 휴식을 추구하는 개념은 적어도 1800년대로 거슬러 올라간다.

어휘 movement 움직임, 동향 agritourism 농촌 체험 여행 alternative 대안 crowded 붐비는 depersonalize 개성을 박탈하다 firsthand 직접 phenomenon 현상 dweller 거주자 temporary 일시적인 relief 휴식 date back to (특정 시기로) 거슬러 올라가다

05 ③ | 06 ①

07 밑줄 친 부분 중 어법상 옳지 않은 것은?

> In 1976, a young Australian businessman ① participated in a project to rebuild an Indonesian village that ② had been devastated by an earthquake. He and other volunteers worked hard to repair local roads and bridges and set up water supplies. However, he soon realized ③ that the volunteers' efforts would do little to lift the village out of poverty. The real cause of its poverty he discovered ④ laid not in a lack of local infrastructure, but in the debts it owed to moneylenders.

08 밑줄 친 부분 중 어법상 옳지 않은 것은?

> When ① playing a game, athletes are required to understand the rules and regulations of the sport. The events ② which they compete include either team sports, such as baseball, basketball, and soccer, ③ or individual sports, such as golf, tennis, and bowling. Athletes spend many hours each day ④ practicing skills under the guidance of a coach or a sports instructor.

07

[해설] (laid → lay) 문장의 동사 자리에서 쓰인 laid는 '~을 놓다'라는 의미의 타동사인 lay의 과거시제 형태인데, 뒤에 목적어가 없고, 맥락상 주어인 The real cause가 '놓여 있는' 것이므로 laid를 자동사 lie의 과거형인 lay로 고쳐야 한다. 참고로 he discovered는 목적격 관계대명사가 생략된 관계대명사절이다.

① 완전자동사 participate는 목적어를 취할 때 전치사를 함께 사용해야 하므로 뒤에 in이 온 것은 적절하다. 또한, 명백한 과거 시점을 나타내는 In 1976이 쓰여 있으므로 과거시제로 쓴 것 역시 적절하다.

② 지진으로 피해를 입은 시점이 프로젝트에 참여하는 시점보다 더 이전의 일이고, 타동사 devastate 뒤에 목적어가 없으며 주격 관계대명사 that의 선행사인 an Indonesian village가 '폐허가 된' 것이므로 과거완료 수동태 had been devastated 는 적절하게 쓰였다.

③ 명사절 접속사 that이 완전한 절을 이끌어 타동사 realized의 목적어 역할을 하고 있는 것은 적절하다.

[해석] 1976년, 호주의 한 젊은 사업가가 지진으로 폐허가 된 인도네시아 마을을 재건하는 프로젝트에 참여했다. 그는 다른 자원봉사자들과 함께 현지 도로와 다리를 수리하고 상수도를 설치하기 위해 열심히 일했다. 하지만 그는 곧 자원봉사자들의 노력이 마을을 빈곤에서 벗어나게 하는 데는 별 도움이 되지 않을 것임을 깨달았다. 그가 발견한 그곳이 빈곤한 진짜 원인은 현지의 사회 기반 시설의 부족이 아니라 대금업자들에게 진 빚에 있었다.

[어휘] rebuild 재건하다 devastate 폐허로 만들다 volunteer 자원봉사자 set up 설치하다 water supply 상수도 do little to RV ~하는 것이 별로 도움이 되지 않다 lift sb out of sth ~을 ~에서 벗어나게 하다 poverty 빈곤 lack 부족 infrastructure 사회 기반 시설 debt 빚 owe 빚지고 있다 moneylender (고리) 대금업자

08

[해설] (which → in which) The events를 선행사로 받는 관계대명사 which 뒤에는 불완전한 절이 와야 하는데 여기서는 완전한 절(they compete)이 오고 있다. 따라서 관계대명사 which를 완전한 절을 이끌 수 있는 '전치사 + 관계대명사' 형태인 in which로 고쳐야 한다. 참고로 compete는 '경쟁하다'라는 뜻의 자동사이다.

① 분사구문의 의미상 주어인 athletes가 경기를 '하는' 것이므로 능동의 현재분사 playing은 적절하게 쓰였다.

③ 'A 또는 B인'이라는 뜻의 상관접속사 구문 'either A or B'가 적절하게 쓰였다.

④ 'spend + 시간 + (in) RVing'는 '~하는 데 시간을 쓰다'라는 뜻의 구문이므로, 동명사 practicing은 적절하게 쓰였다.

[해석] 경기할 때 선수는 (해당) 스포츠의 규칙과 규정을 이해하도록 요구된다. 그들이 경쟁하는 경기에는 야구, 농구, 축구와 같은 팀 스포츠나 골프, 테니스, 볼링과 같은 개인 스포츠가 포함된다. 선수들은 코치나 스포츠 강사의 지도하에 매일 많은 시간을 기술 연습에 쓴다.

[어휘] athlete 운동선수 regulation 규정 individual 개인의 guidance 지도

07 ④ | 08 ②

09 밑줄 친 부분 중 어법상 옳지 않은 것은?

Seeds may look ① insignificant, but once they ② disappear, a food crisis becomes inevitable. Over the past few decades, many countries ③ have created seed banks to store seeds of different crop varieties. There are some 1,700 seed banks in the world, but many of them ④ exposed to natural disasters, diseases, wars, and other risks.

10 밑줄 친 부분 중 어법상 옳지 않은 것은?

The Fourth Industrial Revolution has the potential to enhance global income levels and ① improve the quality of life worldwide. So far, its primary beneficiaries have been consumers who have access to the digital world, ② enjoying new products and services that increase personal convenience, such as ordering cabs, booking flights, or streaming media remotely. In the future, technological innovation ③ is expected to drive long-term efficiency and productivity gains, reduce transportation and communication costs, and streamline logistics and supply chains, ④ all of them will create new markets and fuel economic growth.

09

해설 (exposed to → are exposed to) exposed는 but 이하 문장의 본동사 자리인데, 타동사 expose 뒤에 목적어가 없고 의미상으로도 주어인 복수 명사 many of them이 자연재해, 질병, 전쟁 및 기타 위험에 '노출되는' 것이므로 복수 수동태인 are exposed to가 쓰여야 한다.
① 2형식 동사로 쓰인 look이 형용사 insignificant를 보어로 취하고 있는 것은 적절하다.
② disappear는 수동태로 쓸 수 없는 완전자동사이므로 능동태로 쓰인 것은 적절하다.
③ Over the past few decades라는 기간 부사구가 나왔으므로 현재완료시제 have created의 쓰임은 적절하다.

해석 종자는 중요하지 않은 것처럼 보일 수 있지만, 그것들이 사라지고 나면 식량 위기가 불가피해진다. 지난 수십 년 동안, 많은 국가에서 다양한 작물 품종의 종자를 저장하기 위해 종자 은행을 설립해 왔다. 전 세계에 약 1,700개의 종자 은행이 있지만 그것들 중 많은 것들이 자연재해, 질병, 전쟁 및 기타 위험에 노출되어 있다.

어휘 seed 종자 insignificant 중요하지 않은, 하찮은 disappear 사라지다 crisis 위기 inevitable 불가피한 crop 농작물 variety 품종 disaster 재해, 재앙

10

해설 (all of them → all of which) 콤마 앞뒤로 두 개의 문장이 오고 있는데 접속사가 없다. 따라서 절과 절을 연결하는 접속사 기능이 있고, 앞의 to drive ~ supply chains 까지의 내용을 받으면서 동시에 전치사 of의 목적어 역할을 하는 목적격 관계대명사 which가 필요하다. 따라서 all of them은 all of which로 고쳐야 한다.
① 등위접속사 and를 통해 the potential을 수식하는 to 부정사인 to enhance와 (to) improve가 병렬로 연결되어 있는 것은 적절하다.
② 타동사 enjoy가 쓰인 enjoying 뒤에 목적어 new products and services가 있고, 분사구문의 의미상 주어인 beneficiaries가 '즐기는' 것이므로 능동의 분사구문 enjoying은 적절하게 쓰였다.
③ 5형식 동사로 쓰인 expect는 목적격 보어 자리에 to RV를 취할 수 있는데, 수동 태가 되면 'be expected to RV'의 형태가 된다. 따라서 is expected to drive는 적절하게 쓰였다.

해석 4차 산업혁명은 세계 소득 수준을 높이고 전 세계적으로 삶의 질을 개선할 잠재력을 가지고 있다. 지금까지 그것의 주요 수혜자들은 디지털 세상에 접속하여 택시 호출, 항공편 예약, 원격으로 미디어를 실시간으로 재생하는 등 개인의 편의성을 높여주는 새로운 제품과 서비스를 즐기는 소비자들이었다. 미래에 기술 혁신은 장기적으로 효율성과 생산성 증대를 추진하고, 운송 및 통신 비용을 줄이며, 물류 및 공급망을 능률화할 것으로 기대되며, 이 모두가 새로운 시장을 창출하고 경제 성장을 촉진할 것이다.

어휘 enhance 높이다 primary 주요한 beneficiary 수혜자, 수익자 have access to ~에 접속하다 convenience 편의 stream (인터넷 등에서) 실시간으로 재생하다 remotely 원격으로 drive 추진하다 streamline (시스템·조직 등을) 능률화하다 logistics 물류, 화물 fuel 촉진하다; 연료

09 ④ | 10 ④

11 밑줄 친 부분 중 어법상 옳지 않은 것은?

Tornadoes are one of ① the most severe types of weather phenomena. While many people fear tornadoes and their destructive power, few people understand their real causes and effects, ② nor they are aware of how to protect themselves from their devastating force. Tornadoes, violently rotating columns of air, ③ occur when a change in wind direction, coupled with an increase in wind speed, results in a spinning effect in the lower atmosphere. These whirling movements, which may not be visible to the naked eye, ④ are reinforced when the rotating air column shifts from a horizontal to a vertical position.

12 밑줄 친 부분 중 어법상 옳지 않은 것은?

If you choose to go to the theatre, stay in a hotel, or ① catching a plane at one of the more popular times, it is usual ② for you to pay a higher charge. An influential report recently suggested ③ that this principle should be extended to other activities, including essentials such as transport. If this suggestion were to be implemented, we ④ would pay even higher fares on, for example, trains during rush hour.

11

해설　(nor they are → nor are they) 부정 동의를 나타내는 표현은 'nor V + S'로, 부정어 nor가 문두에 나오면 주어와 동사가 의문문의 어순으로 도치되어야 하므로 nor they are는 nor are they로 고쳐야 한다.

① one of 뒤에는 복수 명사가 와야 하므로 types는 적절하게 쓰였다. 또한 형용사 severe의 최상급 형태인 the most severe가 쓰여 명사 types를 수식하고 있는 것도 적절하다.

③ occur는 수동태로 쓸 수 없는 완전자동사이므로 복수 주어인 Tornadoes에 수일치한 복수 능동태 occur는 적절하게 쓰였다.

④ 타동사인 reinforce 뒤에 목적어가 없고, 복수 명사 주어인 These whirling movements가 '강화되는' 것이므로 복수 수동태 are reinforced는 적절하게 쓰였다.

해석　토네이도는 기상 현상의 가장 심각한 유형 중 하나이다. 많은 사람들이 토네이도와 그 파괴적인 힘을 두려워하지만, 토네이도의 실제 원인과 결과를 이해하거나 그 파괴적인 힘으로부터 자신을 보호하는 방법을 알고 있는 사람은 거의 없다. 토네이도는 맹렬하게 회전하는 공기 기둥으로, 풍속의 증가와 결합된 풍향의 변화가 하층 대기에서 회전 효과를 일으킬 때 발생한다. 육안으로는 보이지 않을 수 있는 이러한 소용돌이 움직임은 회전하는 공기 기둥이 수평 위치에서 수직 위치로 이동할 때 강화된다.

어휘　severe 심각한 phenomenon 현상(*pl.* phenomena) destructive 파괴적인 be aware of ~을 알다 devastating 파괴적인 violently 맹렬히 rotate 회전하다 column 기둥 lower atmosphere 하층 대기 whirl 소용돌이치다, 빙빙 돌다 visible 눈에 보이는 naked eye 육안 reinforce 강화하다 horizontal 수평의 vertical 수직의

12

해설　(catching → (to) catch) choose의 목적어로 쓰인 to 부정사가 A, B, or C 구조로 병렬된 것이므로, 동명사 catching은 (to) catch로 고쳐야 한다. 참고로, to 부정사가 병렬되는 경우 두 번째 부정사부터 to는 생략 가능한 것에 유의해야 한다.

② 가주어(it)-진주어(to pay) 구문이 쓰인 구조로, to 부정사인 to pay 앞에 의미상 주어로 for you가 알맞게 쓰였다. 참고로, 사람의 성격을 나타내는 형용사(kind, wise, clever 등) 뒤에 쓰인 to 부정사의 의미상 주어는 'of + 목적격'의 형태로 나타낸다.

③ 동사 suggest의 목적어 역할을 하면서 뒤에 완전한 절을 이끄는 명사절 접속사 that은 적절하게 쓰였다.

④ 종속절에 실현 불가능한 상황을 가정하는 가정법 미래의 표현인 'If + S + were to RV~'가 있으므로 주절에는 '조동사 과거형 + RV'가 와야 한다. 따라서 would pay는 적절하게 쓰였다.

해석　더 인기 있는 시간대에 극장에 가거나 호텔에 숙박하거나 비행기를 타기로 선택한다면, 당신이 더 높은 요금을 내야 하는 것이 보통이다. 최근 영향력 있는 한 보고서에서는 이 원칙이 교통과 같은 필수 요소를 포함한 다른 활동으로 확대돼야 한다고 제안했다. 이 제안이 시행된다면 예를 들어 혼잡 시간대의 기차에 우리는 훨씬 더 높은 요금을 지불해야 할 것이다.

어휘　catch a plane 비행기에 타다 usual 보통의 charge 청구하다 principle 원칙, 원리 extend 확대하다 essential 필수적인 것 implement 실행하다 fare 요금 rush hour 혼잡 시간대

11 ② | 12 ①

13 밑줄 친 부분 중 어법상 옳지 않은 것은?

> Local governments are busy ① <u>inviting</u> developers of golf courses, race tracks, and ski resorts in order to ② <u>raise</u> income, as numerous restaurants and hotels ③ <u>are being constructed</u> in mountain and water source areas. Maybe soon, if the trend ④ <u>will continue</u>, Korea will be known as the 'Republic of Pleasure.'

14 밑줄 친 부분 중 어법상 옳지 않은 것은?

> Traditionally, many dialects of English, such as the English spoken in Black areas and the English used by native Hawaiians, have been considered ① <u>inferior to</u> Standard English, but in recent decades, some people have insisted that they ② <u>be used</u> in classrooms as the language of instruction. Those who are in favor of the idea believe that ③ <u>employing</u> these dialects in the classroom gives children who speak them more confidence and makes education more ④ <u>accessibly</u>.

13

해설 (will continue → continues) if가 이끄는 조건 부사절에서는 현재시제가 미래시제를 대신하므로, will continue를 단수 주어 the trend에 맞춰 현재시제 단수 동사 continues로 고쳐야 한다. 참고로 여기서는 '계속되다'를 뜻하는 1형식 자동사 continue가 쓰였다.

① '~하느라 바쁘다'라는 뜻을 나타내는 관용 표현은 'be busy (in) RVing'이므로 동명사 inviting은 적절하게 쓰였다.

② raise는 '올리다'라는 뜻의 타동사인데, 뒤에 목적어 income이 있으므로 능동형으로 적절하게 쓰였다. 참고로 '오르다'라는 뜻의 자동사인 rise와 구별에 유의해야 한다.

③ 맥락상 '건설하다'라는 뜻의 타동사로 쓰인 construct 뒤에 목적어가 없고, 주어인 numerous restaurants and hotels가 '건설되는' 것이므로, 현재진행 수동태 are being constructed는 적절하게 쓰였다.

해석 산과 수원지에 수많은 레스토랑과 호텔이 건설되고 있기에 지방 정부들은 수입을 늘리기 위해 골프장, 경마장, 스키장 개발업자를 유치하느라 분주하다. 이런 추세가 계속된다면 머지않아 대한민국은 '유희의 공화국'으로 알려지게 될 것이다.

어휘 race track 경마장 numerous 수많은 construct 건설하다

14

해설 (accessibly → accessible) 맥락상 education이 접근 가능한 것이지, 만드는 행위가 접근 가능한 것이 아니므로, 5형식 동사로 쓰인 make가 목적어 education과 목적격 보어 accessibly를 취하고 있는 구조임을 알 수 있다. 이때 부사는 목적격 보어로 올 수 없기 때문에 부사 accessibly를 형용사 accessible로 고쳐야 한다.

① 라틴어에서 유래한 비교급 inferior는 비교 대상 앞에 than이 아닌 전치사 to를 취하므로 적절하게 쓰였다.

② insist와 같은 주장·요구·명령·제안·충고·결정의 동사가 당위의 의미를 갖는 that절을 목적어로 취할 경우에 that절 내의 동사는 '(should) + RV'로 써야 하며, 타동사 use 뒤에 목적어가 없고 의미상 방언들이 '사용되는' 것이므로 수동태 be used는 적절하게 쓰였다.

③ 동명사 employing이 these dialects ~ classroom을 목적어로 취하며 접속사 that이 이끄는 절의 주어 역할을 하고 있는 것은 적절하다. 참고로, 동명사 주어 employing에 대해 동사 gives와 makes가 등위접속사 and로 병렬되었다.

해석 전통적으로, 흑인 지역에서 사용되는 영어와 하와이 원주민이 사용하는 영어 등 많은 영어 방언은 표준 영어보다 열등한 것으로 여겨져 왔지만, 최근 수십 년 동안 일부 사람들은 교실에서 그것들은 교육 언어로 사용돼야 한다고 주장해 왔다. 이 견해를 지지하는 사람들은 교실에서 이러한 방언을 사용하는 것이 그것들을 사용하는 아이들에게 자신감을 더 주고 교육을 더 접근하기 쉽게 만든다고 믿는다.

어휘 dialect 방언 inferior 열등한 instruction 교육 in favor of ~을 지지하는 employ 이용하다 confidence 자신(감) accessibly 접근 가능하게

13 ④ ｜ **14** ④

15 밑줄 친 부분 중 어법상 옳지 않은 것은?

> Predicting how inventions and technological innovations will be used and how they will ultimately affect societies ① are often very difficult. The history of technology is full of stories of inventors and innovators ② who had no idea of how their works would be ultimately used. Johannes Gutenberg, an inventor of the printing press and a devout Catholic, would have been ③ shocked to know that his invention enabled the Bible ④ to be printed widely and so helped stimulate the Protestant Reformation.

16 밑줄 친 부분 중 어법상 옳지 않은 것은?

> Rabbits have ① a few key survival skills. Their powerful hind legs get them ② to jump far and quickly as they run away. Their large ears help them ③ detect nearby predators. Their fur color blends in well with their environment, ④ provide camouflage, which makes it harder for enemies to spot rabbits.

15

해설 (are → is) 문장의 주어는 동명사인 Predicting이고, 동명사는 단수 취급하므로 복수 동사 are를 단수 동사 is로 고쳐야 한다.

② 사람 명사 inventors and innovators를 선행사로 받는 주격 관계대명사 who가 had의 주어가 없는 불완전한 절을 이끌고 있는 것은 적절하다.

③ 감정타동사 shock 뒤에 목적어가 없고, 주어인 Johannes Gutenberg가 '충격받은' 것이므로 과거분사 shocked는 적절하게 쓰였다.

④ enable이 5형식 동사로 사용되면 목적격 보어로 to 부정사를 취하는데, 타동사로 쓰인 print 뒤에 목적어가 없고 의미상 성경이 '인쇄되는' 것이므로 수동형 to be printed는 적절하게 쓰였다.

해석 발명품과 기술 혁신이 어떻게 사용될지, 그리고 그것들이 궁극적으로 사회에 어떻게 영향을 미칠지 예측하는 것은 종종 매우 어렵다. 기술의 역사는 자신의 작업물이 궁극적으로 어떻게 사용될지 알지 못했던 발명가와 혁신가들의 이야기로 가득하다. 인쇄기 발명가이자 독실한 가톨릭 신자였던 Johannes Gutenberg는 그의 발명품이 성경을 널리 인쇄될 수 있게 하여 종교개혁을 촉진하는 데 도움이 되었다는 사실을 알았다면 충격받았을 것이다.

어휘 predict 예측하다 ultimately 궁극적으로 devout 독실한 stimulate 촉진시키다

16

해설 (provide → providing) Their fur color가 주어, blends가 동사인 완전한 문장 뒤로 접속사 없이 콤마만 있으므로, provide 이하는 분사구문이 되어야 한다. 뒤에 목적어 camouflage가 있고 분사구문의 의미상 주어인 Their fur color가 위장 수단을 '제공하는' 것이므로, 동사 provide는 능동의 현재분사 providing으로 고쳐야 한다.

① '몇 개의'라는 뜻의 a few 뒤에 복수 가산명사 key survival skills가 온 것은 적절하다. 참고로 같은 의미이지만 뒤에 불가산명사가 오는 a little과 구별에 유의해야 한다.

② 준사역동사 get은 목적어와 목적격 보어의 관계가 능동이면 to RV를, 수동이면 p.p.를 목적격 보어로 취한다. 의미상 토끼들이 '점프하는' 것이므로 to jump로 쓰인 것은 적절하다.

③ 준사역동사 help는 '(to) RV'를 목적격 보어로 취하므로 detect의 쓰임은 적절하다.

해석 토끼는 몇 가지 중요한 생존 기술을 가지고 있다. 토끼의 강력한 뒷다리는 그들이 도망갈 때 멀리 그리고 빠르게 점프하게 한다. 토끼의 큰 귀는 주변의 포식자를 감지하는 데 도움이 된다. 토끼의 털 색깔은 주변 환경과 잘 어우러져 위장 수단을 제공하는데, 이는 적들이 토끼를 발견하기 더 어렵게 만든다.

어휘 hind leg 뒷다리 detect 감지하다 predator 포식자 fur 부드러운 털 blend in with ~와 조화를 이루다, 잘 섞이다 camouflage 위장 수단 spot 발견하다

15 ① | 16 ④

17 밑줄 친 부분 중 어법상 옳지 않은 것은?

Millions of people in the United States ① are affected by eating disorders, more than 40% of ② whom are adolescents or young adult women. ③ Although all eating disorders, like anorexia and bulimia, share some common manifestations, each of them ④ have distinctive symptoms and risks.

18 밑줄 친 부분 중 어법상 옳지 않은 것은?

Ears are the organs used for hearing. They turn vibrations in the air into signals for your brain. Any movement in the air creates vibration. These vibrations, ① known as sound waves, are sensed by the ears. The shape of the outer ear makes sound waves ② enter the ear canal. Deep inside the ear, sound waves produce vibrations in the eardrum. Behind the eardrum ③ is three tiny bones called the hammer, the anvil, and the stirrup. The eardrum's vibrations cause the bones ④ to move. Nerves deep inside the ear pick up the vibrations. The nerves turn these vibrations into electric signals carried to the brain.

17 해설 (have → has) each of 뒤에는 '복수 명사 + 단수 동사'가 와야 하므로 복수 동사 have를 단수 동사 has로 고쳐야 한다.
① 타동사 affect 뒤에 목적어가 없고 맥락상 수백만 명의 사람들이 '영향을 받는' 것이므로 수동태 are affected는 적절하게 쓰였다.
② 절과 절을 연결하면서, Millions of people을 선행사로 받고, 동시에 전치사 of의 목적어 역할을 하는 목적격 관계대명사 whom은 적절하게 쓰였다.
③ 접속사 Although 뒤에 '주어(all ~ disorders) + 동사(share)'의 절이 오고 있으므로 적절히 쓰였다.
해석 미국에서는 수백만 명의 사람들이 섭식 장애의 영향을 받고 있으며, 이 중 40% 이상이 청소년 또는 젊은 성인 여성이다. 거식증 그리고 폭식증과 같은 모든 섭식 장애는 몇 가지 공통된 징후를 보이지만 그것들 각각은 뚜렷한 증상과 위험성을 가지고 있다.
어휘 affect 영향을 미치다 eating disorder 섭식 장애 adolescent 청소년 anorexia 거식증 bulimia 폭식증 common 공통의 manifestation (병의) 징후 distinctive 뚜렷한, 독특한 symptom 증상

18 해설 (is → are) 장소 부사구 Behind the eardrum이 문두에 와서 주어와 동사가 도치된 문장이다. 주어는 복수 명사인 three tiny bones이므로, 단수 동사 is를 그에 수일치한 복수 동사 are로 고쳐야 한다.
① known as sound waves는 These vibrations를 수식하는 분사구인데, 진동이 sound waves로 '알려진' 것이므로 수동의 과거분사 known은 적절하게 쓰였다.
② 사역동사 make는 목적어와 목적격 보어의 관계가 능동이면 원형부정사 RV를, 수동이면 p.p.를 목적격 보어로 취한다. enter 뒤에 목적어가 있고 의미상 음파가 '들어가는' 것이므로 능동을 나타내는 원형부정사 enter는 적절하게 쓰였다. 참고로, enter는 '~에 들어가다'를 뜻하는 3형식 완전타동사로, 뒤에 전치사 (in)to가 오지 않음에 유의해야 한다.
④ 5형식 동사로 쓰인 cause는 목적격 보어 자리에 to RV를 취하므로 to move는 적절하게 쓰였다. 참고로, 여기서는 '움직이다'를 뜻하는 1형식 자동사 move가 쓰였다.
해석 귀는 청각을 위해 사용되는 기관이다. 그것들은 공기 중의 진동을 뇌로 보내기 위한 신호로 바꾼다. 공기 중의 어떤 움직임이라도 진동을 일으킨다. 음파라고 알려진 이러한 진동은 귀에서 감지된다. 외이의 모양은 음파가 외이도로 들어가게 만든다. 귀 안쪽 깊숙한 곳에서는 음파가 고막에 진동을 일으킨다. 고막 뒤에는 추골, 침골, 등골이라고 불리는 세 개의 아주 작은 뼈가 있다. 고막의 진동은 뼈를 움직이게 한다. 귀 안쪽 깊은 곳에 있는 신경이 진동을 감지한다. 신경은 이 진동을 뇌로 전달되는 전기 신호로 변환한다.
어휘 organ 기관, 장기 vibration 진동 sound wave 음파 sense 감지하다 outer ear 외이 ear canal 외이도 eardrum 고막 tiny 아주 작은 hammer 추골(槌骨) anvil 침골(砧骨) stirrup 등골(莘骨) nerve 신경

17 ④ ｜ 18 ③

19 밑줄 친 부분 중 어법상 옳지 않은 것은?

> Since presentation software was launched in 1990, it ① grew in popularity. Modeled on the old-fashioned slide projector, the software allows speakers ② to create 'slides' — pages of pictures, charts, diagrams, and notes — that they can then use to illustrate a presentation. However, ③ despite the software's popularity, there are those who think that, far from helping audiences understand ④ what speakers are saying, it often actually impedes communication.

20 밑줄 친 부분 중 어법상 옳지 않은 것은?

> The first Europeans to explore Africa ① convinced that the local people did not communicate in language but simply used noises to signal to each other. Of course, this was not true. An African language is more complex than any other ② language. The idea was simply a reflection of European prejudices. Indeed, the fact ③ that all human beings can speak a language and all languages are complex ④ is a strong argument for the equality of all human beings.

19

해설 (grew → has grown) '~이래로'라는 뜻의 접속사 since가 쓰이고 있으므로 주절의 동사는 현재완료시제가 되어야 한다. 따라서 과거시제인 grew를 현재완료시제 has grown으로 고쳐야 한다.

② allow가 5형식 동사로 사용되면 목적격 보어로 to 부정사를 취하는데, 뒤에 목적어 'slides'가 있으므로 능동형 to create는 적절하게 쓰였다.

③ 전치사 despite 뒤에 명사구 the software's popularity가 왔으므로 적절히 쓰였다.

④ 선행사를 포함한 관계대명사 what이 are saying의 목적어가 없는 불완전한 절을 이끌며 understand의 목적어 역할을 하고 있는 것은 적절하다.

해석 1990년 발표용 소프트웨어가 출시된 이후 그것은 인기가 높아졌다. 구식의 슬라이드 영사기를 모델로 한 이 소프트웨어는 발표자가 설명을 분명하게 보여주기 위해 사용할 수 있는 그림, 차트, 다이어그램, 메모 등으로 구성된 페이지인 '슬라이드'를 만들도록 해준다. 그러나 이 소프트웨어의 인기에도 불구하고, 청중이 발표자가 말하는 것을 이해하는 데 도움이 되기는커녕 실제로는 그것이 전달을 방해한다고 생각하는 사람들이 있다.

어휘 launch 출시하다 old-fashioned 구식의 illustrate 분명히 보여주다 far from RVing ~하기는커녕 impede 방해하다

20

해설 (convinced → were convinced) convince가 'A에게 that절을 확신시키다'라는 뜻으로 쓰일 경우 'convince + A + that절'의 구조를 취하는데, 이를 수동태로 전환하면 'A be convinced that절'이 된다. convince 뒤에 간접목적어 A 없이 바로 that절을 취했고, 맥락상 주어인 유럽인들이 '확신시키는' 것이 아니라 '확신하는' 것이므로, convinced는 복수 명사 The first Europeans에 수일치한 복수 수동태인 were convinced로 고쳐야 한다.

② 비교급을 이용하여 최상급을 표현하는 경우, '비교급 ~ than + any other + 단수 명사'를 취한다. 따라서 any other 뒤에 단수 명사인 language는 적절하게 쓰였다.

③ that 앞에 추상명사인 the fact가 있고, 뒤에는 완전한 절(all ~ complex)이 와서 the fact에 대한 보충·부연 설명을 하고 있으므로 동격 접속사 that은 적절하게 쓰였다.

④ 주어가 단수 명사인 the fact이므로 단수 동사 is는 적절하게 쓰였다.

해석 아프리카를 처음 탐험한 유럽인들은 현지인들이 언어로 의사소통하지 않고 단순히 소리를 이용해 서로에게 신호를 보낸다고 확신했다. 물론, 이것은 사실이 아니었다. 아프리카 언어는 다른 어떤 언어보다 더 복잡하다. 그 생각은 단순히 유럽인들의 편견을 반영한 것이었다. 실제로, 모든 인간이 언어를 말할 수 있고 모든 언어가 복잡하다는 사실은 모든 인간의 평등에 대한 강력한 논거이다.

어휘 explore 탐험하다 communicate 의사소통을 하다 noise 소리, 소음 signal 신호를 보내다 complex 복잡한 reflection 반영 prejudice 편견 indeed 실제로 argument 논거, 주장 equality 평등

19 ① | 20 ①

21 밑줄 친 부분 중 어법상 옳지 않은 것은?

> Kunieda's research was important because it helped ① disprove claims made by earlier scientists ② whom one-sixth of the tardigrade's genome ③ had been transferred from bacteria and other creatures, rather than evolving naturally. This older research was accepted as an explanation for the tardigrade's unusual ability ④ to deal with extreme conditions.
>
> * tardigrade: 완보동물

22 밑줄 친 부분 중 어법상 옳지 않은 것은?

> Doctors dream of a day ① when organs such as hearts and kidneys can be made or grown rather than having to be obtained from organ donors. Currently, the number of patients ② required new organs far exceeds the available supply, and the tissue of donors must be matched with ③ that of recipients so that the recipient's immune system does not reject the organ. However, using 3D printers to produce organs made from either the patient's own cells or from artificially generated ones ④ has the potential to eliminate these problems.

21

해설 (whom → that) 목적격 관계대명사 whom 뒤에는 목적어가 없는 불완전한 절이 와야 하는데 여기서는 완전한 절이 오고 있다. made by earlier scientists는 추상명사 claims를 수식하는 분사구이며, 맥락상 whom 이하가 추상명사 claims에 대한 내용이므로 이를 보충·부언 설명함을 알 수 있다. 따라서 목적격 관계대명사 whom을 동격 접속사 that으로 고쳐야 한다.

① help는 3형식 동사로 쓰일 때 (to) RV를 목적어로 취하므로 (to) disprove는 적절하게 쓰였다.

③ 타동사로 쓰인 transfer 뒤에 목적어가 없고 맥락상 genome이 '전이되는' 것이며, 완보동물 게놈의 6분의 1이 박테리아나 다른 생물로부터 전이된 것은 과학자들이 그랬다고 주장한 시점보다 더 이전이므로 과거완료시제 수동태 had been transferred의 쓰임은 적절하다.

④ '~을 대처하다'라는 뜻의 deal with에서 deal은 1형식 자동사이므로, 목적어를 취할 때 반드시 전치사 with를 함께 써야 한다. 또한 to deal with가 to 부정사의 형용사적 용법으로 쓰여 명사 ability를 수식하고 있는 것도 적절하다.

해석 Kunieda의 연구는 완보동물 게놈의 6분의 1이 자연적으로 진화한 것이 아니라 박테리아나 다른 생물로부터 전이됐었다는 이전 과학자들의 주장을 반증하는 데 도움이 되었기 때문에 중요했다. 이 더 오래된 연구는 극한의 환경을 대처하는 완보동물의 비범한 능력에 관한 설명으로 받아들여졌다.

어휘 disprove 반증하다 claim 주장 genome 게놈(세포나 생명체의 유전자 총체) transfer 전이하다, 옮기다 evolve 진화하다 accept 받아들이다

22

해설 (required → requiring) required new organs는 patients를 수식하는 분사구인데 타동사 require 뒤에 목적어 new organs가 있고 환자들이 '요구하는' 것이므로 능동의 현재분사 requiring이 쓰여야 한다.

① 시간 명사인 a day를 선행사로 받는 관계부사 when 뒤에 완전한 절이 오고 있는 것은 적절하다.

③ 기증자의 '조직'과 이식자의 '조직'을 비교하는 것이므로 단수 명사 the tissue를 지칭하는 단수 지시대명사 that은 적절하게 쓰였다.

④ 문장의 주어는 동명사인 using이고, 동명사는 단수 취급하므로 단수 동사 has는 적절하게 쓰였다.

해석 의사들은 심장이나 신장과 같은 장기를 장기 기증자에게서 얻기보다는 만들거나 기를 수 있는 날을 꿈꾼다. 현재 새로운 장기를 필요로 하는 환자의 수는 이용할 수 있는 공급량을 훨씬 초과하고 있으며, 기증자의 조직은 이식자의 면역 체계가 장기를 거부하지 않도록 이식자의 조직과 일치돼야 한다. 그러나 3D 프린터를 사용하여 환자 자신의 세포 또는 인공적으로 생성된 세포로 장기를 생산하는 것은 이러한 문제점들을 제거할 잠재성을 갖고 있다.

어휘 organ 장기 kidney 신장 donor 기증자 exceed 초과하다 available 이용할 수 있는 tissue 조직 match 일치하다 recipient 이식자 immune system 면역 체계 reject 거부하다 artificially 인공적으로 generate 생성하다 eliminate 제거하다

21 ② | 22 ②

23 밑줄 친 부분 중 어법상 옳지 않은 것은?

> Of the approximately 85,000 dams in the United States today, only about half ① are still used to supply water for agriculture. As these dams continue to affect the environment by blocking the movement of fish and ② preventing them from breeding, a policy of removing dams has become common. Several decades ago, though, this idea was not considered. Only recently ③ the negative impact of dams has come to be seen as greater than their economic benefits. This shift in opinion has led authorities to approve ④ an increasing number of dam removal projects.

24 밑줄 친 부분에 들어갈 말로 가장 적절한 것은?

> Even though tame wolf puppies can learn basic obedience commands, they stop _____ to them when they're adults and begin to challenge the authority and status of humans.

① respond   ② responding

③ to respond   ④ to responding

23

해설 (the negative impact of dams has come → has the negative impact of dams come) 'only + 부사'가 문두에 올 경우 주어와 동사는 의문문의 어순으로 도치되어야 한다. 따라서 the negative impact of dams has come을 has the negative impact of dams come으로 고쳐야 한다.

① '~하는 데 사용되다'라는 뜻의 'be used to RV' 구문이 맥락상 적절하게 쓰였다.

② 등위접속사 and를 통해 전치사 by의 목적어로 동명사 blocking과 preventing이 병렬로 연결되어 있고, 'O가 ~하는 것을 막다'라는 뜻의 'prevent + O + from RVing' 구문이 적절하게 쓰였다.

④ a number of가 뒤에 복수 명사 dam removal projects를 수식하여 '점점 더 많은 댐 철거 프로젝트들'이라는 의미를 나타내고 있는 것은 적절하다. 동일한 의미인 '많은'이라는 뜻을 나타내지만 불가산명사를 수식하는 an amount of나 '~의 수'라는 뜻을 지닌 the number of와의 구별에 유의해야 한다.

해석 오늘날 미국에 있는 대략 85,000개의 댐 중 절반 정도만이 여전히 농업용수 공급에 사용되고 있다. 이러한 댐이 물고기의 이동을 막고 그것들이 번식하는 것을 막음으로써 환경에 지속적으로 영향을 미치고 있기 때문에 댐을 철거하는 정책이 흔한 일이 되었다. 하지만 수십 년 전만 해도 이러한 생각은 고려되지 않았다. 최근에야 댐의 부정적인 영향이 경제적 이익보다 더 큰 것으로 여겨지게 되었다. 여론의 이러한 변화는 당국이 점점 더 많은 댐 철거 프로젝트를 승인하도록 이끌고 있다.

어휘 approximately 대략 agriculture 농업 breed 번식하다 come to RV ~하게 되다 shift 변화 authorities (국정·지역 행정의) 당국, 당국자 approve 승인하다

24

해설 빈칸은 동사 stop의 목적어로 준동사 자리이다. 'stop RVing'는 '~하는 것을 멈추다'라는 의미이고, 'stop to RV'는 '~하기 위해 멈추다'라는 의미인데, 맥락상 복종 명령에 '반응하는 것을' 멈추는 것이므로 빈칸에는 동명사 responding이 와야 한다.

해석 길든 늑대 새끼들은 기초적인 복종 명령을 배울 수 있지만, 그것들이 성체가 되면 그것(명령)에 반응하기를 멈추고 인간의 권위와 지위에 도전하기 시작한다.

어휘 tame 길든 puppy 새끼 obedience 복종 command 명령 challenge 도전하다 authority 권위 status 지위

23 ③ | 24 ②

25 밑줄 친 부분에 들어갈 말로 가장 적절한 것은?

> _____ in a simple and clear style, the book describes the complex relationship between technology and society, offering insights into how innovation shapes human behavior and cultural norms.

① Write   ② Writing

③ Written   ④ To write

26 밑줄 친 부분에 들어갈 말로 가장 적절한 것은?

> Neither of his reviews on the impact of digital technologies on education in recent journals _____ adequate recognition by the academic community.

① has given   ② have given

③ has been given   ④ have been given

27 밑줄 친 부분에 들어갈 말로 가장 적절한 것은?

> The institution let the historical artifacts _____ in a climate-controlled facility to prevent degradation and facilitate future scholarly investigations.

① preserve   ② preserved

③ to preserve   ④ be preserved

25

해설 첫 번째 콤마 뒤에 접속사 없이 완전한 문장이 나오는 것으로 보아, 콤마 앞은 부사구(준동사구)가 되어야 함을 알 수 있다. 이때 의미상 주어인 the book이 '쓰는' 것이 아니라 '쓰이는' 것이므로 능동을 뜻하는 현재분사 Writing이나 목적을 나타내는 to부정사 To write는 적절하지 못하다. 따라서 빈칸에는 수동의 과거분사 Written이 와야 한다.

해석 간단하고 명료한 문체로 쓰인 그 책은 기술과 사회 간의 복잡한 관계를 설명하며 혁신이 인간의 행동과 문화적 규범을 어떻게 형성하는지에 대한 통찰력을 제공한다.

어휘 insight 통찰(력) innovation 혁신 norm 규범

26

해설 빈칸은 문장의 동사 자리이다. 주어로 쓰인 Neither of 뒤에는 '복수 명사 + 단수 동사'가 오며, 맥락상 그의 논평이 인정을 '주는' 것이 아니라 인정을 '받는' 것이므로 수동태가 되어야 한다. 따라서 빈칸에는 단수 수동태 has been given이 와야 한다. 참고로 4형식 동사로 쓰인 give는 수동태로 전환되어도 뒤에 직접목적어인 명사가 오는 것에 유의해야 한다.

해석 최근 학술지에 실린 디지털 기술이 교육에 미치는 영향에 대한 그의 논평들 중 어느 것도 학계에서 충분한 인정을 받지 못했다.

어휘 journal 학술지 adequate 충분한 recognition 인정

27

해설 빈칸은 사역동사 let의 목적격 보어 자리인데, 사역동사 let은 목적어와 목적격 보어의 관계가 능동이면 RV를, 수동이면 be p.p.를 목적격 보어로 취한다. 여기서는 타동사로 쓰인 preserve 뒤에 목적어가 없고 의미상으로도 역사적 유물이 '보존하는' 것이 아니라 '보존되는' 것이므로, 빈칸에는 수동을 나타내는 be preserved가 와야 한다.

해석 그 기관은 (질적) 저하를 방지하고 향후 학문적 연구를 용이하게 하기 위해 역사 유물들을 온도가 통제되는 시설에 보존되게 했다.

어휘 institution 기관 artifact 유물 facility 시설 degradation (질·가치 등의) 저하, 악화 facilitate 용이하게 하다 scholarly 학문적인 investigation 연구, 조사

25 ③ | 26 ③ | 27 ④

28 밑줄 친 부분에 들어갈 말로 가장 적절한 것은?

> It is not only the plot but also the characters that _____ the film a memorable experience.

① make

② makes

③ is made

④ are made

29 밑줄 친 부분에 들어갈 말로 가장 적절한 것은?

> While unpacking his shopping bag, John realized that one of the items _____ during his shopping.

① omitted

② had omitted

③ were omitted

④ had been omitted

30 밑줄 친 부분에 들어갈 말로 가장 적절한 것은?

> The ideas for the new product, _____ to the design team, are currently being developed into prototypes.

① belong

② belongs

③ belonged

④ belonging

28

해설 'It ~ that' 강조 구문을 통해 문장의 주어를 강조하고 있으므로 빈칸은 주어 뒤에 올 동사 자리이다. 'A뿐만 아니라 B도'라는 뜻의 'not only A but also B'가 문장의 주어로 왔으므로 동사는 B에 수일치시킨다. 또한 5형식 동사로 쓰인 make 뒤에 목적어 the film과 목적격 보어 a memorable experience가 있으므로 능동태로 쓰여야 한다. 따라서 빈칸에는 복수 명사인 characters에 수일치한 능동형 복수 동사 make 가 와야 한다.

해석 그 영화를 기억에 남는 경험으로 만드는 것은 바로 줄거리뿐만 아니라 등장인물들이 기도 하다.

어휘 character 등장인물 memorable 기억에 남는

29

해설 빈칸은 본동사 realize의 목적어로 쓰인 명사절 that절 내의 동사 자리로, 타동사인 omit 뒤에 목적어가 없고, 맥락상 물건이 '빠뜨려진' 것이므로 수동태가 와야 한다. 또한 물건을 빠뜨린 시점이 그 사실을 깨달은(realized) 시점보다 더 이전의 일이므로 빈칸에는 과거완료 수동태인 had been omitted가 와야 한다. 참고로, 'one of the 복수 명사'가 주어로 쓰인 경우 동사는 단수 취급해야 하므로 복수 동사 were omitted는 불가능하다.

해석 장바구니를 풀던 John은 쇼핑 중에 물건 중 하나를 빠뜨렸었다는 것을 깨달았다.

어휘 unpack (짐을) 풀다 omit 빠뜨리다

30

해설 문장의 동사는 뒤에 나오는 현재진행형 are being developed이며, 접속사가 없으므로 빈칸에는 동사가 또 올 수 없고 준동사가 와야 한다. belong to는 '~에 속하다'라는 뜻의 자동사(구)이므로 수동의 과거분사로 쓸 수 없다. 따라서 빈칸에는 능동의 현재분사 belonging이 와야 한다.

해석 디자인 팀에 속한 신제품 아이디어는 현재 시제품으로 개발되고 있다.

어휘 prototype 시제품

28 ① | 29 ④ | 30 ④

31 밑줄 친 부분에 들어갈 말로 가장 적절한 것은?

> _____ you visited a scientist's workroom in the medieval ages, you would have found very few instruments except for books, papers, pens, and ink.

① Should ② Were
③ Had ④ If

32 밑줄 친 부분에 들어갈 말로 가장 적절한 것은?

> Objectivity is crucial for science and demands that observations, experiments, and theories _____ independently of their authors before being accepted for publication.

① be checked ② are checked
③ should check ④ have checked

33 밑줄 친 부분에 들어갈 말로 가장 적절한 것은?

> Empathy helps us understand people _____ values, views, and behaviors are different from our own.

① who ② which
③ whom ④ whose

31

주절에 '조동사 과거형 + have p.p.'인 would have found가 있으므로 가정법 과거완료가 쓰이고 있는 문장이다. 이때 종속절에는 'If + S + had p.p.'의 구조가 쓰여야 하는데 여기서는 you visited만 있으므로, 가정법 과거완료에서 if가 생략된 도치 표현인 'Had + S + p.p.'의 형태로 쓰인 문장임을 알 수 있다. 따라서 빈칸에는 Had가 와야 한다.

해석 당신이 중세 시대에 한 과학자의 작업실을 방문했었다면, 책, 종이, 펜, 잉크를 제외한 도구는 거의 발견하지 못했을 것이다.

어휘 medieval age 중세 시대 instrument 도구

32

해설 빈칸은 명사절 접속사 that절의 동사 자리인데, demand와 같은 주장·요구·명령·제안·충고·결정의 동사가 당위의 의미를 지니는 that절을 목적어로 취할 때, that절 내의 동사는 '(should) + RV'의 구조를 취해야 한다. 타동사로 쓰인 check 뒤에 목적어가 없고, 맥락상 주어인 관찰, 실험, 이론이 '검토하는' 것이 아니라 '검토되는' 것이므로 빈칸에는 수동태 be checked가 와야 한다.

해석 객관성은 과학에 매우 중요하며, 관찰, 실험 및 이론이 출판을 위해 승인되기 전에 저자와 관계없이 검토될 것을 요구한다.

어휘 objectivity 객관성 crucial 매우 중요한 independently of ~에 관계없이 accept 승인하다 publication 출판

33

해설 빈칸 뒤로 완전한 절(values ~ different)이 오고 있으므로, 빈칸에는 주격 관계대명사나 목적격 관계대명사는 올 수 없다. 선행사 people과 빈칸 뒤의 명사 values, views, and behaviors가 의미상 소유관계를 이루고 있으며, 소유격 관계대명사 whose는 '선행사 + whose + 명사 + 불완전한 절'과 같은 구조로 쓰이므로 빈칸에는 소유격 관계대명사 whose가 와야 한다.

해석 공감은 우리가 자신과 다른 가치관, 견해, 행동을 가진 사람들을 이해하도록 돕는다.

어휘 empathy 공감, 감정 이입

31 ③ | 32 ① | 33 ④

34 밑줄 친 부분에 들어갈 말로 가장 적절한 것은?

> Schools are in danger of _____ as a boring place if they don't match the expectations of the children who attend them.

① regard
② regarded
③ regarding
④ being regarded

35 밑줄 친 부분에 들어갈 말로 가장 적절한 것은?

> Teamwork requires a player to pass the ball to _____ is in the best position to score the goal.

① who
② whom
③ whoever
④ whomever

36 밑줄 친 부분에 들어갈 말로 가장 적절한 것은?

> Our brains are _____ sensitive to loss that once we have been offered something, we are hesitant to give it up.

① so
② too
③ very
④ such

34

빈칸은 전치사 of의 목적어 자리로 (동)명사가 올 수 있다. regard를 '관심, 존경'이라는 뜻의 명사로 보면 맥락상 부적절해지므로 동명사가 와야 한다. 타동사인 regard 뒤에 목적어가 없고 동명사의 의미상 주어인 Schools가 지루한 곳으로 '여기는' 것이 아니라 '여겨지는' 것이므로 빈칸에는 수동형 동명사 being regarded가 와야 한다. 참고로 'A를 B로 여기다[간주하다]'라는 뜻의 'regard A as B' 구문은 수동태로 전환하면 'A be regarded as B' 구조를 취한다.

해석 학교는 그곳에 다니는 아이들의 기대에 부응하지 못하면 지루한 장소로 여겨질 위험이 있다.

어휘 in danger of ~의 위험에 처한 boring 지루한 match 부응하다, 맞추다 expectation 기대

35

해설 (복합)관계대명사의 격은 관계사절 내에서 결정되는데, 여기서는 관계사절 내에 동사 is의 주어가 없으므로 빈칸에는 주격 (복합)관계대명사가 와야 한다. 그런데 who는 빈칸 앞에 선행사가 없으므로 관계대명사로 쓰이는 것이 불가능하며, '누가'라는 뜻의 의문대명사로 볼 경우에도 의미상 어색해지므로 적절하지 않다. 따라서 빈칸에는 '~하는 사람이면 누구나'라는 뜻의 주격 복합관계대명사 whoever가 와야 한다. 참고로, '전치사 + 관계대명사'는 뒤에 완전한 문장이 와야 하는데 빈칸 뒤에 주어가 없는 불완전한 구조이므로 목적격 관계대명사 whom은 빈칸에 올 수 없다.

해석 팀워크는 선수가 골을 넣을 수 있는 최적의 위치에 있는 누구에게나 공을 패스할 것을 요구한다.

어휘 position 위치

36

해설 'too ~ to RV'는 '너무 ~해서 ~할 수 없다'라는 뜻의 구문이고, 'so/such ~ that'은 '너무 ~해서 ~하다'라는 뜻의 구문인데, 여기서는 뒤에 부사절 접속사 that이 오고 있으므로 that 앞에는 so나 such가 있어야 한다. 부사인 so는 뒤에 형용사/부사가 올 수 있고, 형용사인 such는 뒤에 명사가 와야 한다. 빈칸 뒤에 2형식 동사의 보어로 형용사 sensitive가 있으므로 빈칸에는 so가 와야 한다. 참고로, 여기서 to loss는 전치사 to와 명사 loss가 쓰인 것이며 to RV가 아님에 유의해야 한다.

해석 우리의 뇌는 손실에 너무 민감해서 일단 우리가 무언가를 제공받으면 그것을 포기하는 것을 주저하게 된다.

어휘 sensitive 민감한 hesitant to RV ~하기를 주저하는

34 ④ | 35 ③ | 36 ①

CHAPTER

3 문법

PART 2 이것만은 풀고 가자

37 밑줄 친 부분에 들어갈 말로 가장 적절한 것은?

> As a skin therapist, you do not need to wear full makeup, but you should remember that your face can _____ your abilities.

① used to advertise   ② used to advertising

③ be used to advertise   ④ be used to advertising

38 밑줄 친 부분에 들어갈 말로 가장 적절한 것은?

> Karl Bucker, German social philosopher, claimed that music _____ among the craftsmen because the repetitive nature of their tasks encouraged the development of rhythmic sounds.

① must have arisen   ② should have arisen

③ must have been arisen   ④ should have been arisen

39 밑줄 친 부분에 들어갈 말로 가장 적절한 것은?

> No sooner _____ its new product than it went bankrupt, leaving employees out of work.

① the company had launched

② had the company launched

③ the company had been launched

④ had the company been launched

37

해설 'used to RV'는 '~하곤 했다', 'be used to RV'는 '~하는 데 사용되다', 'be used to RVing'는 '~하는 데 익숙하다'라는 의미이다. 여기서는 맥락상 얼굴이 능력을 홍보하는 데 '사용될' 수 있는 것이므로 'be used to RV'가 쓰여야 한다. 따라서 빈칸에는 be used to advertise가 와야 한다.

해석 피부 치료 전문가로서 당신은 풀 메이크업을 할 필요는 없지만, 당신의 얼굴이 당신의 능력을 홍보하는 데 사용될 수 있다는 것을 기억해야 한다.

어휘 therapist 치료 전문가 advertise 홍보[광고]하다

38

해설 빈칸은 본동사 claim의 목적어로 쓰인 명사절 that절 내의 동사 자리인데, should have p.p.는 '~했어야 했는데 (하지 않았다)'라는 뜻으로 과거 사실에 대한 유감을 나타내고, must have p.p.는 '~했음이 틀림없다'라는 뜻으로 과거 사실에 대한 강한 추측을 나타낸다. 맥락상 장인들 작업의 반복성이 리드미컬한 소리를 발전시켰기 때문에 장인들 사이에서 음악이 생겼을 것이라고 강하게 추측하는 것이 자연스럽고, arise는 '발생하다'라는 뜻의 자동사이므로 수동태로 쓸 수 없다. 따라서 빈칸에는 must have arisen이 와야 한다.

해석 독일의 사회 철학자 Karl Bucker는 장인들 작업의 반복성이 리드미컬한 소리의 발전을 조장했으므로 음악이 장인들 사이에서 생겨났음이 틀림없다고 주장했다.

어휘 philosopher 철학자 claim 주장하다 craftsman 장인, 기능공 repetitive 반복적인 encourage 조장하다 rhythmic 리드미컬한

39

해설 '~하자마자 ~했다'라는 뜻을 나타내는 구문은 'No sooner + had + S + p.p. ~ than + S + 과거동사'이다. No sooner가 이끄는 절에는 과거완료시제가 와야 하고, 부정어가 문두에 있으므로 주어와 동사는 의문문의 어순으로 도치되어야 한다. 빈칸 뒤에 동사 launch의 목적어 its new product가 있으므로 빈칸에는 능동태가 쓰인 had the company launched가 와야 한다.

해석 그 회사는 신제품을 출시하자마자 파산하여, 직원들을 실직 상태로 만들었다.

어휘 go bankrupt 파산하다 out of work 실직 상태인, 직업이 없는 launch 출시하다

37 ③ | 38 ① | 39 ②

40   밑줄 친 부분에 들어갈 말로 가장 적절한 것은?

> If we raise taxes on businesses a lot, business owners needing to reduce costs will have no choice but _____ employees.

① lay off   ② laying off
③ to lay off   ④ to laying off

40

해설 '~하지 않을 수 없다'라는 뜻의 'have no choice but to RV' 구문이 쓰인 문장으로, 빈칸에는 to lay off가 와야 한다.

해석 우리가 기업에 대한 세금을 크게 인상하면, 비용을 줄여야 하는 사업주들은 직원들을 해고할 수밖에 없을 것이다.

어휘 tax 세금 lay off ~을 (정리) 해고하다

40 ③

심슨영어연구소

저자	심우철
선임연구원	정규리
연구원	장은영 / 이예은 / 이보배 / 이승은
디자인	강현구
제작	김승훈
마케팅	한은지 / 유경철 / 윤채림 / 김영서